5G 关键技术与工程建设丛书

5G 超密集组网技术

Ultra-Dense Networks for 5G Communication Systems

◆ 朱剑驰　刘佳敏　曾捷　粟欣　王达　杨蓓　刘洋　杨姗　编著

人民邮电出版社

北京

图书在版编目（ＣＩＰ）数据

5G超密集组网技术 / 朱剑驰等编著. -- 北京：人民邮电出版社，2017.6
（5G关键技术系列）
ISBN 978-7-115-45693-9

Ⅰ．①5… Ⅱ．①朱… Ⅲ．①无线网－组网技术
Ⅳ．①TN92

中国版本图书馆CIP数据核字(2017)第164061号

内 容 提 要

本书全面介绍了 5G 超密集组网的应用场景、问题与挑战和关键技术，主要内容包括超密集组网的网络架构、小区虚拟化技术、干扰管理、回传管理和典型应用场景的性能评估。

本书适合从事移动通信技术的研发人员、系统设计人员阅读，也可供高等院校通信及相关专业的师生参考。

◆ 编　　著　朱剑驰　刘佳敏　曾　捷　粟　欣
　　　　　　　王　达　杨　蓓　刘　洋　杨　姗
　　责任编辑　代晓丽
　　执行编辑　刘　琳
　　责任印制　彭志环
◆ 人民邮电出版社出版发行　　北京市丰台区成寿寺路 11 号
　　邮编　100164　　电子邮件　315@ptpress.com.cn
　　网址　http://www.ptpress.com.cn

◆ 开本：880×1230　1/32
　　印张：5.375　　　　　　　　2017 年 6 月第 1 版
　　字数：144 千字　　　　　　2017 年 6 月河北第 1 次印刷

定价：59.00 元

读者服务热线：(010)81055488　印装质量热线：(010)81055316
反盗版热线：(010)81055315

前　言

移动通信经历了从话音业务到高速宽带数据业务的飞跃式发展。未来 10 年，移动网络数据流量预计将呈爆发式增长。同时，面向"万物互联"的物联网的蓬勃发展将带来海量的设备连接和多样化的业务和应用。与 4G 相比，未来的无线网络将需要支持更多的接入方式、更多的频段及更多样化的场景。从网络运营的角度，需求的高速增长和多样化使得未来无线网络面临网络部署、投资、维护及满足用户体验等各方面的巨大挑战。

移动互联网和物联网的高速发展，驱动未来第五代（5G）移动通信网络提供更高流量、服务更多终端并支持无限连接。与第一代（1G）至第四代（4G）移动通信网络相比，5G 网络将以用户体验为中心，实现更为个性化、多样化、智能化的业务应用。

目前，5G 移动通信研究正在世界范围内展开。欧盟的METIS、5GPPP、中国的 IMT-2020(5G)推进组、韩国的 5G Forum、NGMN、日本的 ARIB Ad hoc 以及北美的一些高校等。我国在2013 年 2 月由我国工业和信息化部、国家发展和改革委员会、科学技术部联合推动成立 IMT-2020（5G）推进组，其组织框架基于原中国 IMT-Advanced 推进组，成员包括我国主要的运营商、制造商、高校和研究机构，目标是成为聚合我国产学研用力量，推动我国 5G 移动技术研究和开展国际交流与合作的主要平台。国内的 FuTURE 论坛也在积极开展 5G 系统的相关技术研究，韩国、日本也已有相应的研究组织开展工作，纵观目前全球 5G 研究进展可以看出，全球 5G 组织研究的热点技术趋同。面向无线通信标准化，ITU-R WP5D 已给出了关于 IMT-2020 的研究计划，按此时间点，全球各研究组织和机构将会提交代表各自观点的技术文稿。另外，标准化组织 3GPP 已经开始对 5G 系统展开研究定义工作。

面对移动互联网和物联网等新型业务发展需求，5G 系统需要满足各种业务类型和应用场景。一方面，随着智能终端的迅速普及，移动互联网在过去的几年中在世界范围内发展迅猛，面向 2020 年及未来，移动互联网将进一步改变人类社会信息的交互方式，为用户提供增强现实、虚拟现实等更加身临其境的新型业务体验，从而带来未来移动数据流量的飞速增长；另一方面，物联网的发展将传统人与人通信扩大到人与物、物与物的广泛互联，届时智能家居、车联网、移动医疗、工业控制等应用爆炸式增长，将带来海量的设备连接。

为了满足移动互联网和物联网等新型业务发展需求，满足移动数据流量爆发式增长和海量连接设备的需求，增加单位面积内小基站密度是最有效的手段。超密集组网通过更加"密集化"的无线网络基础设施部署，获得更高的频率复用效率，从而在局部热点区域实现百倍量级的系统容量提升。

超密集组网可以带来可观的容量增长，然而在实际部署中，密集部署的无线设备会带来严峻的挑战，如基站站址的获取、网络建设和维护的成本、干扰管理、移动性管理、回传资源等。为了解决超密集组网面临的问题与挑战，本书介绍了超密集组网在网络架构、干扰管理、移动性管理、回传管理等方面的关键技术，同时本书评估了办公室、密集住宅、大型集会、公寓等典型应用场景的性能。

本书作者长期从事无线新技术研究与国际标准化工作。本书由中国电信技术创新中心的朱剑驰担任主编，中国电信技术创新中心的王达、杨蓓、刘洋、杨姗、佘小明、陈鹏，大唐电信的刘佳敏、贺媛、鲍炜，以及清华大学的曾捷和粟欣老师参与了各个章节的编写。本书凝聚了各位同事和老师的多年研究成果，为读者提供 5G 无线通信系统演进方面的思考。

　　由于作者的知识视野有一定的局限性，书中如有不准确、不完善之处，敬请广大读者批评指正。

作　者

2017年3月

目　录

第 1 章　背景 ··· 1

　1.1　异构网技术及演进 ··· 8

　1.2　超密集组网必要性 ··· 10

　1.3　超密集组网应用场景 ····································· 13

　1.4　超密集组网的问题与挑战 ······························ 16

　参考文献 ·· 18

第 2 章　网络架构 ··· 21

　2.1　概述 ··· 22

　2.2　分布式网络架构 ··· 22

　2.3　集中式网络架构 ··· 26

　2.4　以用户为中心的网络架构 ································ 28

　参考文献 ·· 29

第 3 章　小区虚拟化技术 ·· 31

　3.1　虚拟层技术 ··· 33

　3.2　以用户为中心的虚拟小区技术 ························· 41

　　3.2.1　虚拟小区系统模型 ···································· 43

　　3.2.2　基于虚拟小区合并的下行传输 ··················· 46

　　3.2.3　虚拟小区性能分析 ···································· 50

　参考文献 ·· 56

第 4 章　干扰管理·····59

4.1　基于网络侧的干扰管理·····61

4.1.1　协同多点传输·····61

4.1.2　时域干扰协调·····65

4.1.3　频域干扰协调·····76

4.2　基于终端侧的干扰管理·····80

4.2.1　终端干扰抑制接收机·····81

4.2.2　基于网络辅助的终端干扰抑制/删除接收机·····89

4.2.3　终端内多个数据流间的干扰抑制/删除接收机·····98

参考文献·····100

第 5 章　回传管理·····105

5.1　无线回传·····107

5.1.1　回传演进及基本结构·····107

5.1.2　回传的拓扑结构及实现途径·····109

5.1.3　混合分层回传·····115

5.2　接入和回传联合设计·····119

5.2.1　多跳路由机制·····119

5.2.2　路径更新机制·····121

5.2.3　多路径联合传输机制·····122

5.3　前传的挑战及方案·····125

5.3.1　超密集组网中的前向传输挑战·····125

5.3.2　前向传输接口方案·····126

参考文献·····130

第 6 章　典型应用场景性能评估·····131

6.1　办公室场景·····132

6.1.1　办公室场景评估模型·····132

6.1.2　办公室场景性能评估·····134

6.2　密集住宅场景 ……………………………………………… 142

　6.2.1　密集住宅场景评估模型 ……………………………… 142

　6.2.2　密集住宅场景性能评估 ……………………………… 146

6.3　大型集会场景 ……………………………………………… 148

　6.3.1　大型集会场景评估模型 ……………………………… 148

　6.3.2　大型集会场景性能评估 ……………………………… 149

6.4　公寓场景 …………………………………………………… 150

　6.4.1　公寓场景评估模型 …………………………………… 150

　6.4.2　公寓场景性能评估 …………………………………… 151

6.5　移动性性能评估 …………………………………………… 153

参考文献 ………………………………………………………… 158

第 7 章　总结 …………………………………………………… 159

名词索引 ………………………………………………………… 161

第 1 章　背景

1.1　异构网技术及演进

1.2　超密集组网必要性

1.3　超密集组网应用场景

1.4　超密集组网的问题与挑战

从美国贝尔实验室提出蜂窝小区的概念起，移动通信系统的发展可以划分为各个"时代"。到 20 世纪 80 年代，移动通信系统实现了大规模的商用，可以被认为是真正意义上的 1G 移动通信系统，1G 由多个独立开发的系统组成，典型代表有美国的 AMPS（Advanced Mobile Phone System，高级移动电话系统）和后来应用于欧洲部分地区的 TACS（Total Access Communications System，全址接入通信系统），以及 NMT（Nordic 移动电话）等，其共同特征是采用 FDMA（Frequency Division Multiple Access，频分多址）技术，模拟调制话音信号。第一代系统在商业上取得了巨大的成功，但是模拟信号传输技术的弊端也日渐明显，包括频谱利用率低、业务种类有限、无高速数据业务、保密性差以及设备成本高等。为了解决模拟系统中存在的这些根本性技术缺陷，数字移动通信技术应运而生。

2G（The Second Generation，第二代）移动通信系统基于 TDMA（Time Division Multiple Access，时分多址）技术，以传输话音和低速数据业务为目的，因此又称为窄带数字通信系统，其典型代表是美国的 DAMPS（Digital AMPS，数字化高级移动电话系统），IS-95 和欧洲的 GSM（Global System for Mobile Communication，全球移动通信系统）。相对于模拟移动通信，数字移动通信网络，提高了频谱利用率，支持针对多种业务的服务。从 20 世纪 80 年代中期开始，欧洲首先推出了 GSM 体系，随后，美国和日本也制订了各自的数字移动通信体制。其中，GSM 是一个可互操作的标准，使得全球范围的漫游首次成为可能，从而被广为接受；进一步地，由于第二代移动通信以传输话音和低速数据业务为目的，从 1996 年开始，为了解决中速数据传输问题，又出现了 2.5 代的移动通信系统，如 GPRS（General Packet Radio Service，通用分组无线服务）技术、EDGE（Enhanced Data Rate for GSM Evolution，增强型数据速率 GSM 演进）技术和 IS-95B。这一阶段的移动通信主要提供的服务仍然是针对话音以及低速率数据业务为主，但由于网络的发展，数据和多媒体通信的发展势头很快，所以逐步出现了以移动宽带多媒体通信为目标的 3G（The Third Generation，第三代）移动通信。

在 20 世纪 90 年代 2G 系统蓬勃发展的同时，世界范围内已经开始了对 3G 移动通信系统的研究热潮。3G 最早由 ITU（International Telecommunication Union，国际电信联盟）于 1985 年提出，当时称为 FPLMTS（Future Public Land Mobile Telecommunication System，未来公众陆地移动通信系统），1996 年更名为 IMT-2000（International Mobile Telecommunication-2000），意即该系统工作在 2 000 MHz 频段，最高业务速率可达 2 000 kbit/s，预期在 2000 年左右得到商用。3G 的主要通信制式包括欧洲、日本等地区主导的 WCDMA（Wideband Code Division Multiple Access，宽带码分多址）、美国的 CDMA2000 和中国提出的 TD-SCDMA，影响范围最广的当属 WCDMA。最初对 WCDMA 的研究工作是在多个国家地区并行开展，直到 1998 年底 3GPP（3rd Generation Partnership Project，第三代合作伙伴计划）成立，WCDMA 才结束了各个地区标准独自发展的情况。WCDMA 面向后续系统演进出现了 HSDPA（High Speed Downlink Packet Access，高速下行分组接入）/HSUPA（High Speed Uplink Packet Access，高速上行分组接入）系统架构，其峰值速率可以达到下行 14.4 Mbit/s，而后又进一步发展的 HSPA+，可以达到下行 42 Mbit/s/上行 22 Mbit/s 的峰值速率，仍广泛应用于现有移动通信网络中。

作为目前移动通信发展影响力最受关注的 3GPP，在进行 WCDMA 系统演进研究工作和标准化的同时，继续承担了 LTE（Long Term Evaluation，长期演进）/LTE-A（Long Term Evaluation-Advanced，长期演进技术升级版）等系统的标准制定工作，对移动通信标准的发展起到至关重要的作用。3GPP 的成员单位包括 ARIB（Association of Radio Industries and Businesses，日本无线工业及商贸联合会）、CCSA（China Communications Standards Association，中国通信标准化协会）、ETSI（European Telecommunications Standards Institute，欧洲电信标准化协会）、美国 ATIS（The Alliance for Telecommunications Industry Solutions，无

线通信解决方案联盟）、韩国的 TTA（Telecommunications Technology Association，电信技术协会）和日本的 TTC（Telecommunications Technology Committee，电信技术委员会）等。另外，除了 3GPP，3GPP2 和 IEEE（Institute of Electrical and Electronics Engineers，电气和电子工程师协会）也是目前国际上重要的标准制定组织。

在移动通信系统的发展过程中，国际电信联盟的无线通信委员会（International Telecommunications Union-Radio Communications Sector ITU-R）作为监管机构起到了至关重要的作用，ITU-R WP5D（Working Party 5D）定义了国际上包括 3G 和 4G（The Fourth Generation，第四代）移动通信系统的 IMT 系统，其中 2010 年 10 月确定的 4G 系统也称为 IMT-Advanced，包括了 LTE-Advanced（3GPP Release10）以及 IEEE 802.16m 等。ITU-R WP5D 定义 4G 与定义 3G 的过程相似，首先提出面向 IMT-Advanced 研究的备选技术、市场预期、标准准则、频谱需求和潜在频段，而后基于统一的评估方法，根据需求指标来评估备选技术方案。为满足 ITU 的需求指标，3GPP 提交的 4G 候选技术是 LTE-Advanced（Release 10），而非 LTE（Release 8），所以严格意义上说 LTE 并非 4G。从技术框架来看，LTE-Advancd 是 LTE 的演进系统，一脉相承地基于 OFDMA（Orthogonal Frequency Division Multiple Access，正交频分多址）的方式，满足如下技术指标：100 MHz 带宽；峰值速率为下行 1 Gbit/s，上行 500 Mbit/s；峰值频谱效率为下行 30 bit/s/Hz，上行 15 bit/s/Hz。在 LTE 的 OFDM/MIMO（Multiple-Input Multiple-Output，多入多出）等关键技术基础上，LTE-Advanced 进一步包括频谱聚合、中继、CoMP（Coordinated Multiple Points Transmission/Reception，多点协同传输）等。

近年来，在经历了移动通信系统从 1G 到 4G 的更替，移动基站设备和终端计算能力极大提升，集成电路技术得到快速发展，通信技术和计算机技术深度融合，各种无线接入技术逐渐成熟并规模应用。可以预见，对于未来 5G 系统，不能再用某项单一的业务能力或者某个典型技术特征来定义，5G 网络应是面向业务应用和用户体验的智能网络，通过技术的演进和创新，满足未来包含广泛数据和连接的各种业务的快速发展需要，提升用户体验。

在世界范围内，已经涌现了多个组织对 5G 开展积极的研究工作，如图 1-1 所示。例如欧盟的 METIS[1]、5GPPP[2]、中国的 IMT2020（5G）推进组[3]、韩国的 5G Forum[4]、NGMN[5]（Next Generation Mobile Networks，下一代移动通信网络）、日本的 ARIB Ad hoc 以及北美的一些高校等。

图 1-1　全球关于 5G 的主要研究组织

欧盟早在 2012 年 11 月就正式宣布成立面向 5G 移动通信技术研究的 METIS（Mobile and Wireless Communications Enablers for the Twenty-Twenty（2020）Information Society）项目。该项目由 29 个成员组成，其中包括爱立信（组织协调）、法国电信等主要设备商和运营商、欧洲众多的学术机构以及德国宝马公司。项目计划时间为 2012 年 11 月 1 日至 2015 年 4 月 30 日，共计 30 个月，目标为在无线网络的需求、特性和指标上达成共识，为建立 5G 系统奠定基础，取得在概念、雏形、关键技术组成上的统一意见。METIS 认为未来的无线通信系统应实现以下技术目标：在可接受范围内的总体成本和能耗前提下达到稳定的容量增长，提高效率；能够适应更大范围的需求，包括业务量大和小；另外，系统应具备多功能性，来支持各种各样的需求（例如可用性、移动性和服务质量）和应用场景。为达到以上目标，5G 系统应较现有网络实现 1 000 倍的无线数据流量、10～100 倍的连接终端数、10～100 倍的终端数据速率、端到端时延降低到现有网络的 1/5 以及实现 10 倍以上的电池寿命。

METIS 设想这样一个未来——所有人都可以随时随地获得信息、共享数据、连接到任何物体。这样"信息无界限"的"全联接世界"将会大大推动社会经济的发展和增长。METIS 已发布多项研究报告，近期发布"Final report on architecture"，对 5G 整体框架的设定有一定参考意义。

另外，欧盟于 2013 年 12 月底宣布成立 5GPPP（5G Infrastructure Public-Private Partnership），作为欧盟与未来 5G 技术产业共生体系发展的重点组织，5GPPP 由多家电信业者、系统设备厂商以及相关研究单位共同参与，其中包括爱立信、阿尔卡特朗讯、法国电信、英特尔、诺基亚、意大利电信、华为等。可以认为 5GPPP 是欧盟在 METIS 等项目之后面向 2020 年 5G 技术研究和标准化工作而成立的延续性组织，5GPPP 将借此确保欧盟在未来全球信息产业竞争中的领导者地位。5GPPP 的工作分为 3 个阶段：阶段一（2014～2015 年）的基础研究工作、阶段二的（2016～2017 年）系统优化以及阶段三的（2017～2018 年）大规模测试。在 2014 年初，5GPPP 也已由多家参与者共同提出一份 5G 技术规格发展草案，其中主要定义了未来 5G 技术重点，包括在未来 10 年中，电信与信息通信业者将可通过可编程持续往共同基础架构发展，网络设备资源将转化为具有运算能力的基础建设。与 3G 相比，5G 将会提供更高的传输速度与网络使用效能，并可通过虚拟化和软件定义网络等技术，让运营商得以更快速、更灵活的应用网络资源提供服务等。

与此同时，由运营商主导的 NGMN 组织也已经开始对 5G 网络开展研究，并发布 5G 白皮书："Executive Version of the 5G White Paper"。NGMN 由包括中国移动、DOCOMO（都科摩）、沃达丰、Orange、Sprint、KPN 等运营商发起，其发布的 5G 白皮书从运营商角度对 5G 网络的用户感受、系统性能、设备需求、先进业务及商业模式等进行阐述。

中国在 2013 年 2 月由中国工业和信息化部、国家发展和改革委员会、科学技术部联合推动成立 IMT-2020（5G）推进组，其组织框架基于原中国 IMT-Advanced 推进组，成员包括我国主要的运营商、制造商、高校和研究机构，目标是成为聚合我国产学研用力量，推动我国第五代移动通信技术研究和开展国际交流与合作的主要平台。IMT-2020（5G）推进组的组织架构如图 1-2 所示，定期发布关于 5G 的研究进展报告，已发布《IMT-2020（5G）推进组-5G 愿景与需求白皮书》[6]，提出"信息随心至，万物触手及"的 5G 愿景、关键能力指标以及 5G 典型场景。2015 年 2 月发布《5G 概念白皮书》[7]，认为从移动互联网和物联网主要应用场景、业务需求及挑战出发，可归纳出连续广域覆盖、热点高容量、低功耗大连接和低时延高可靠 4 个 5G 主要技术场景。另外，2015 年 5 月发布《5G 网络技术架构白皮书》[8]和《5G 无线技术架构白皮书》[9]，认为 5G 技术创新主要来源于无线技术和网络技术两方面，无线技术领域中大规模天线阵列、超密集组网、新型多址和全频谱接入等技术已成为业界关注的焦点；在网络技术领域，基于软件定义网络（Software Defined Network，SDN）和网络功能虚拟化（Network Function Vitualization，NFV）的新型网络架构已取得广泛共识。

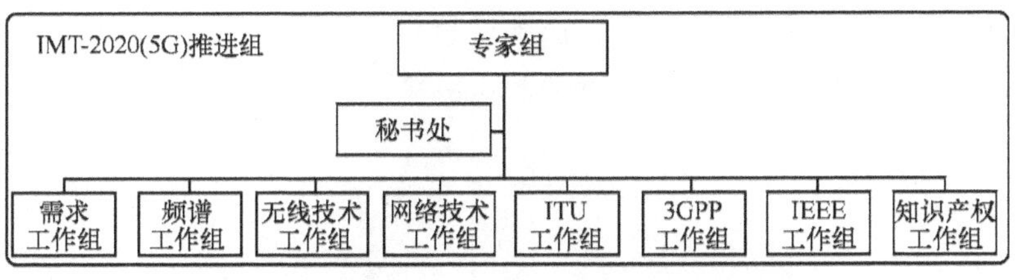

图 1-2　IMT-2020（5G）推进组组织架构

另外，国内的 FuTURE 论坛[10]也在积极开展 5G 系统的相关技术研究，韩国、日本也已有相应的研究组织开展工作，纵观目前全球 5G 研究进展可以看出，全球 5G 组织研究的热点技术趋同。面向无线通信标准化，ITU-R WP5D 已给出了关于 IMT-2020 的研究计划（如图 1-3 所示），按此时间点，全球各研究组织和机构将会提交代表各自观点的技术文稿。另外，标准化组织 3GPP 也已经在 Release14 开始对 5G 系统的研究定义工作。

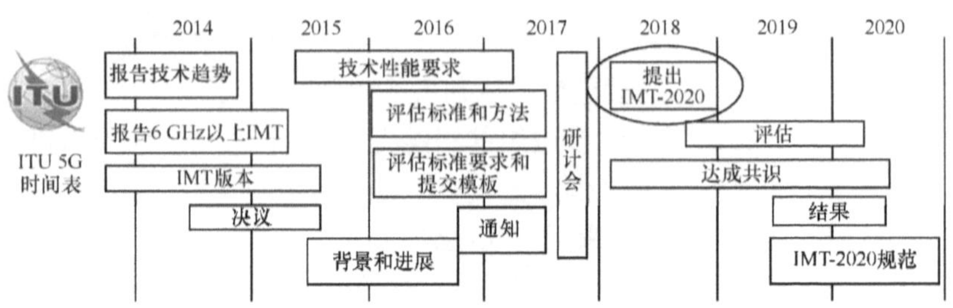

图 1-3　ITU-R WP5D 关于 IMT-2020 的研究计划

🔍 1.1　异构网技术及演进

　　移动通信网络分为同构网和异构网。同构网络是通过以宏基站为中心的规划布局而实现的，如图 1-4 所示。同构网络的核心是有详尽规划和部署的基站以及一系列用户终端。所有这些精心规划的基站都有着相近的发送功耗、天线模型、接收灵敏度、覆盖范围、拓扑结构以及相同的数据网络回路连接，并且所有基站都可以为用户提供平等非受限的网络接入，服务数量相同的用户终端，承载相同的数据流量和保证对等的 QoS（Quality of Service，服务质量）性能。

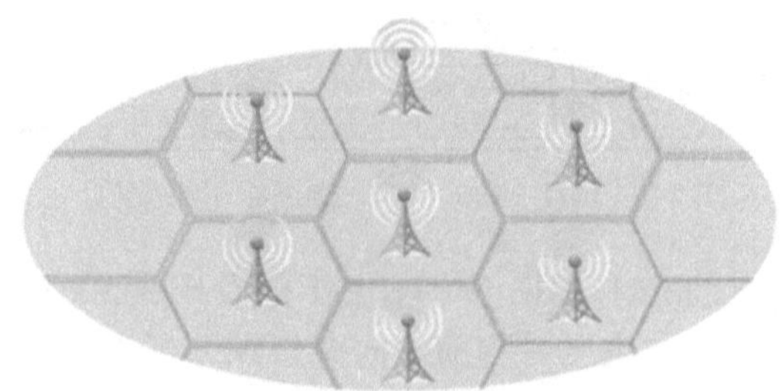

图 1-4　同构网示例

　　对于宏站点的选择而言是通过严谨的网络规划实现的，这些基站的设置都需要合适的调试，以达到尽可能大的覆盖范围和控制好站点之间的干扰。当负载需求增加和网络环境发生改变时，同构网络通常是依靠小区分裂或者额外的载波来克服网络容量和连接限制，并且保持用户的统一体验品质。但是，这种形式的部署不但复杂反复而且耗时耗力，再者就是宏基站站点的部署和选择在密集的城区变得越来越困难。因此，以宏基站为主的网络部署已经很难满足容量需求，一种灵活便捷且以优化的成本获得用户最优体验的站点部署模式已成为运营商急需解决的问题，异构网应运而生。

广义异构网融合了网络中存在的多种无线接入技术，包括移动网络、IEEE 网络以及物联网。其中移动网络包括 2G、3G、4G 以及未来的 5G 网络。IEEE 网络包括 Wi-Fi 网络和 802.16 网络。

狭义异构网指在传统的宏蜂窝的接入网络架构上引入低功率传输节点（Low Power Node，LPN），形成同覆盖的不同节点类型的异构系统。狭义异构网通过空间复用提高单位区域内的频谱效率，获得更大的网络容量。按照小区覆盖范围的大小，可以将小区分成宏小区、微小区、微微小区，以及用于信号中继的中继站。异构网不同范围小区相互重叠覆盖，形成异构分层无线网络，如图 1-5 所示。

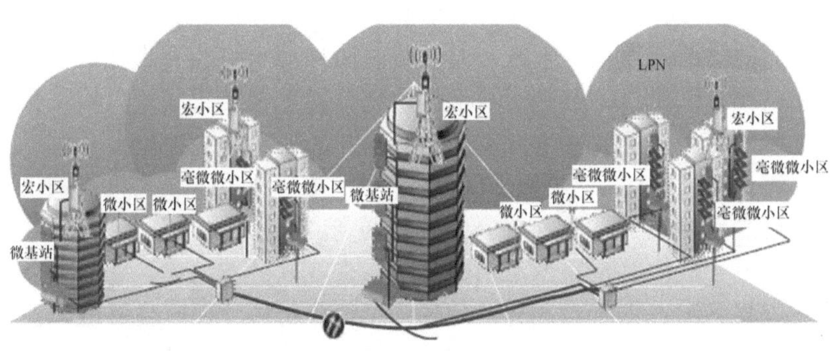

图 1-5　异构网示例

异构网定义的低功率节点包括以下几点。

① RRH（Remote Radio Head，射频拉远头）：指通过有线连接到 BBU 的射频拉远型低功率基站，即常说的 RRU，发射功率一般为 46 dBm，主要用于城区的局部深度覆盖，室内外热点覆盖。

② Pico eNodeB：指通过有线连接到核心网，相对于 RRH 更小的低功率基站，发射功率一般为 23～30 dBm，主要用于办公室、咖啡厅等相对较封闭的中小型室内场景。

③ HeNodeB（Home evolved Node B，家庭演进基站）：指通过家庭宽带连接到核心网一种低功率基站，发射功率一般小于 23 dBm，在 2G 和 3G 中被称为 Femtocell（毫微微蜂窝），一般部署在家庭或小型企业，并由用户自行部署。

④ Relay Nodes：指通过无线连接到施主基站的一种低功率基站，发射功率一般为 30 dBm。

异构网通过 LPN 的部署，可大大增加网络容量，减少宏基站负荷，提高小区边缘速率和平均吞吐量，有效吸收热点地区话务，解决网络话务不均衡特性等问题。

1.2　超密集组网必要性

在过去 20 多年中，移动通信经历了从话音业务到高速宽带数据业务的飞跃式发展。未来，人们对高速移动网络的需求将进一步增加：预计未来 10 年移动网络数据流量将呈爆发式增长。根据预测，2020 年移动数据流量达到 2010 年的 200 倍，到 2030 年，移动数据流量将比 2010 年增长 20 000 倍[11]。尤其是在智能手机成功占领市场之后，越来越多的新服务不断涌现，例如电子银行、网络化学习、电子医疗以及娱乐点播服务等。在互联网发展中，移动设备的发展将继续占据绝对领先的地位，思科公司估计在产生互联网流量的设备中，到 2017 年将有近一半是由移动终端设备产生，而这一比例在 2012 年为 26%[11]。思科进一步预测，由个人计算机产生业务量的年增长率为 14%，M2M（Machine to Machine，机器到机器）业务增长量将达 79%，而平板电脑和手机将产生 104% 的增长。在全球范围内，思科预计从 2012 年到 2017 年，移动数据业务将以66% 的年增长率增长，达到 11.2 EB/月，这比同期固定业务量增长快了 3 倍。

据 ITU 发布的全球信息技术数据显示，到 2013 年底，全球蜂窝移动签约用户已经达到约 68 亿，其中移动宽带用户经过近年来的快速增长到达 20 亿左右，渗透率接近 30%，约为 2011 年的 2 倍，2009 年的 4～5 倍。随着移动宽带技术的进一步发展，移动宽带用户数量和渗透率将继续增加。与此同时，随着移动互联网应用和移动终端种类的不断丰富，预计到 2020 年，人均移动终端的数量将达到 3 个左右，这就要求到 2020 年，5G 网络能够为超过 150 亿的移动宽带终端提供高速的移动互联网服务。

移动宽带用户在全球范围的快速增长，以及如即时通信、社交网络、文件共享、移动视频、移动云计算等新型业务的不断涌现，使得移动用户对数据量和数据速率的需求迅猛增长。据 ITU 发布的数据预测，相比于 2020 年，2030 年全球的移动业务量将飞速增长，达到 5 000 EB/月，如图 1-6 所示。

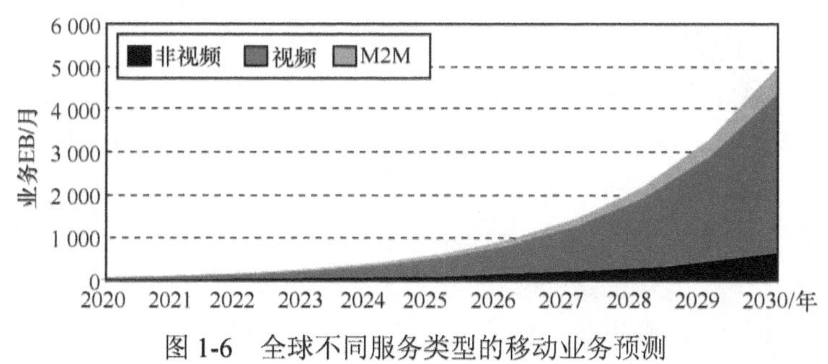

图 1-6　全球不同服务类型的移动业务预测

相对应的，未来 5G 网络还应能够为用户提供更快的峰值速率，如以 10 倍于 4G 蜂窝网络峰值速率计算，5G 网络的峰值速率将达到 10 Gbit/s。

随着移动互联网、物联网等技术的进一步发展，未来移动通信网络的对象将呈现泛化的特点，它们在传统人与人之间通信的基础上，增加了人与物（如智能终端、传感器、仪器等）、物与物之间的互通。不仅如此，通信对象还具有泛在的特点，人或者物可以在任何的时间和地点进行通信。因此，未来 5G 移动通信网将变成一个能够让任何人和任何物在任何时间和地点都可以自由通信的泛在网络。5G 将迎来一次规模空前的移动物联网产业浪潮，车联网、智能家居、移动医疗等将会推动移动物联网应用爆发式的增长，数以千亿的设备将接入网络，实现真正的"万物互联"；同时，移动互联网和物联网将相互交叉形成新型"跨界业务"，带来海量的设备连接和多样化的业务和应用，除了以人为中心的通信以外，以机器为中心的通信也将成为未来无线通信的一个重要部分，从而大大改善人们的生活质量、办事效率和安全保障，由于以人为中心的通信与以机器为中心的通信的共存，服务特征多元化也将成为未来无线通信系统的重大挑战之一。需求的爆炸性增长给未来无线移动通信系统在技术和运营等方面带来巨大挑战，无线通信系统必须满足多样化的要求，包括在吞吐量、时延和链路密度方面的要求，以及在成本、复杂度、能量损耗和服务质量等方面的要求。移动互联网和移动物联网将驱使移动通信系统向 5G 演进[7]。

近年来，国内外运营商开始在物联网应用方面开展新的探索和创新，已出现的物联网解决方案，例如智慧城市、智能交通、智能物流、智能家居、智能农业、智能水利、设备监控、远程抄表等，都致力于改善人们的生产和生活。随着物联网应用的普及以及无线通信技术及标准化的进一步发展，据预测，到 2020 年，全球物联网的连接数将达到 1 000 亿左右。在这个庞大的网络中，通信对象之间的互联和互通不仅能够产生无限的连接数，还会产生巨大的数据量。预测到 2020 年，物物互联数据量将达到传统人与人通信数据量的 30 倍左右。

面对移动互联网和物联网等新型业务发展需求，5G 系统需要满足各种业务类型和应用场景。一方面，随着智能终端的迅速普及，移动互联网在过去的几年中在世界范围内发展迅猛，面向 2020 年及未来，移动互联网将进一步改变人类社会信息的交互方式，为用户提供增强现实、虚拟现实等更加身临其境的新型业务体验，从而带来未来移动数据流量的飞速增长；另一方面，物联网的发展将传统人与人通信扩大到人与物、物与物的广泛互联，届时智能家居、车联网、移动医疗、工业控制等应用爆炸式增长，将带来海量的设备连接。

为了满足移动互联网和物联网等新型业务发展需求，满足移动数据流量爆发式增长和海量连接设备的需求，增加单位面积内小基站密度是最有效的手段[12-15]。超密集组网通过更加"密集化"的无线网络基础设施部署，获得更高的频率复用效率，从而在局部热点区域实现百倍量级的系统容量提升，如图 1-7 所示。

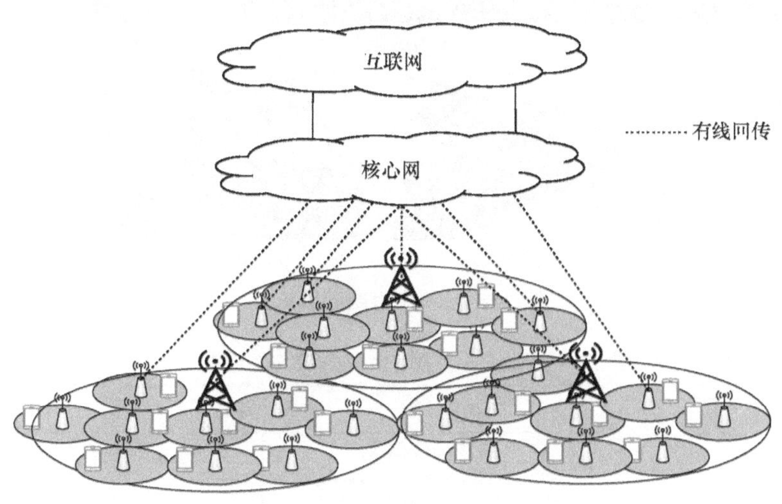

图 1-7　超密集组网部署

1.3　超密集组网应用场景

超密集组网的典型应用场景包括：办公室、密集住宅、密集街区、校园、大型集会、体育场、地铁、公寓等具有大数据流量需求的场所[9,15]，如图 1-8 所示，其应用场景特点见表 1-1。

图 1-8　超密集组网应用场景

表 1-1　超密集组网主要应用场景特点

主要应用场景	室内外属性	
	站点位置	覆盖用户位置
办公室	室内	室内
密集住宅	室外	室内、室外
密集街区	室内、室外	室内、室外
校园	室内、室外	室内、室外
大型集会	室外	室外
体育场	室内、室外	室内、室外
地铁	室内	室内
公寓	室内	室内

下面分别介绍超密集组网主要应用场景的特点。

- 应用场景 1：办公室。

办公室场景的主要特点是上下行流量密度要求都很高。在网络部署方面，通过室内微基站覆盖室内用户。在办公室场景中，每个办公区域内无内墙阻隔，小区间干扰较为严重。

- 应用场景 2：密集住宅。

密集住宅场景的主要特点是下行流量密度要求较高。在网络部署方面，通过室外微基站覆盖室内和室外用户。

- 应用场景 3：密集街区。

密集街区的主要特点是上下行流量密度要求都很高。在网络部署方面，通过室外或室内微基站覆盖室内和室外用户。

- 应用场景 4：校园。

校园的主要特点是用户密集，上下行流量密度要求都较高；站址资源丰富，传输资源充足；用户静止/移动。在网络部署方面，通过室外或室内微基站覆盖室内和室外用户。

- 应用场景 5：大型集会。

大型集会场景的主要特点是上行流量密度要求较高。在网络部署方面，通过室外微基站覆盖室外用户。在大型集会场景中，小区间没有阻隔，因此小区间干扰较为严重。

- 应用场景 6：体育场。

体育场场景的主要特点是上行流量密度要求较高。在网络部署方面，通过室外微基站覆盖室外用户。在体育场场景中，小区间干扰较为严重。

- 应用场景 7：地铁。

地铁场景的主要特点是下行流量密度要求都很高。在网络部署方面通过车厢内微基站覆盖车厢内用户。由于车厢内无阻隔，小区间干扰较为严重。

- 应用场景 8：公寓。

公寓场景的主要特点是下行流量密度要求较高。通过室内小基站覆盖室内，室内存在内墙阻隔，小区间干扰较小。

1.4　超密集组网的问题与挑战

相对传统的 4G 蜂窝网络，5G 超密集组网体现为以下 5 方面的特征。

① 密集：面向室内和室外热点地区，无线接入点覆盖几米到几十米，每平方千米的站点数则达到上千个量级，网络部署密集，重叠覆盖严重，系统干扰受限。

② 复杂异构：宏覆盖与密集覆盖异构组网，各种能力和回传的接入点共存，4G/5G/WLAN 等多种 RAT（Radio Access Technology，无线接入技术）的接入点融合组网构成复杂超密集网络。

③ 自部署：大量的接入点由用户自行部署或者临时动态部署。

④ 高流量：热点地区用户密度高，总流量需求大，远远超过现有 4G 网络。

⑤ 大带宽：包含 2G、3G、4G 以及未来的新频段，系统可用的频率范围和系统带宽明显增大。

超密集组网可以带来可观的容量增长，然而在实际部署中。然而密集部署的无线设备会带来严峻的挑战，如基站站址的获取、网络建设和维护的成本、干扰管理、移动性管理、回传资源等[16-20]。

（1）站址问题

超密集组网技术的本质是通过增加小区密度提高资源复用率，然而天然资源的获取以及与业主协调的难度越来越大，新增站址将面临巨大的挑战。

（2）成本问题

成本是网络部署和运维的重要基础。小基站数目的增加必然导致运营商初期建网成本的增加。同时，小基站数目也会增加网络运维的成本。

（3）干扰问题

在超密集组网中，由于基站间间距非常小，基站间干扰会比传统网络部署要严重。因此，基站间如何进行高速、甚至实时的信息交互与协调，以便采取高效的干扰协调与消除就显得尤为重要。而传统的基站间接口时延达到几十毫秒，难以满足高速、实时的基站间信息交互与协调要求。超密集组网中对干扰进行有效的管控，需要有高效的干扰管理机制[18]。

（4）移动性问题

小覆盖、异构覆盖、多 RAT 覆盖带来的用户移动时的频繁切换问题将影响系统效率和用户体验。用户的切换率和切换成功率是网络重要的网络性能指标（Key Performance Indicator，KPI）。随着小区密度的增加，基站之间的间距逐渐减小，这将导致用户的切换次数显著增加，影响用户的体验。超密集组网需要有高效的移动性管理机制[19,20]。

（5）回传问题

传统宏蜂窝部署时，站址选择和建设是网络部署的重要工作，经过精确设计和选址使宏基站将具备强大的覆盖处理能力和回程设施，回程通过高速有线线路（例如光纤）与传输网络相连接。然而，在超密集网络（Ultra Dense Network，UDN）部署方式下，微型基站的位置通常难以预设站址，而是选择在便于部署的位置（例如房屋顶和沿街灯柱），此类位置通常无法铺设有线线路，或者就近获取有线线路（例如家庭 ADSL）。对于无法铺设有线线路的站点，需要使用无线回程传输。另一方面，从建设和维护成本角度，UDN 部署也不适宜为所有微型基站铺设高速有线线路。当网络中存在多种不同能力的回程方式时，如何有效管理和优化回程资源的使用，从而有效支撑用户与核心网之间的大容量数据传输，是 UDN 成功部署和运营的关键因素之一[16,19]。

（6）效率问题

超高流量业务的回传、大量的信令传输会带来效率低下的问题。

（7）组网部署问题

超密集组网很难采用传统的人工规划与优化，智能化的自组网和自由化实现频谱效率和用户体验的最优至关重要。

参考文献

[1] METIS[EB/OL]. https://www.metis2020.com.

[2] 5G-PPP prepares for phase 2[EB/OL]. http://5g-ppp.eu.

[3] IMT-2020（5G）推进组[EB/OL]. http://www.imt-2020.org.cn.

[4] Who we are[EB/OL]. http://www.5gforum.co.kr.

[5] NGMN[EB/OL]. http://www.ngmn.org.

[6] IMT-2020（5G）推进组. 5G 愿景与需求白皮书[S]. 2014:5.

[7] IMT-2020（5G）推进组. 5G 概念白皮书[S]. 2015:2.

[8] IMT-2020（5G）推进组. 5G 网络技术架构白皮书[S]. 2015:5.

[9] IMT-2020（5G）推进组. 5G 无线技术架构白皮书[S]. 2015:5.

[10] 未来移动通信论坛[EB/OL]. http://www.future-forum.org.

[11] Cisco. Cisco Visual Networking Index: Global Mobile Data Traffic Forecast Update, 2014-2019, White Paper[S]. 2015:2.

[12] WANG I H, SONG B, SOLIMAN S. A holistic view on hyper-dense heterogeneous and small cell networks[J]. IEEE commun. mag., 2013, 51 (6): 20-27.

[13] BHUSHAN N, LI J, MALLADI D, et al. Network densification: the dominant theme for wireless evolution into 5G[J]. IEEE commun. mag., 2014, 52 (2): 82-89.

[14] BOCCARDI F, HEATH R W, LOZANO A, et al. (2014) Five disruptive technology directions for 5G[J]. IEEE commun. mag., 2014, 52: 74-80.

[15] YUAN Y, ZHU L. Application scenarios and enabling technologies of 5G[J]. China commun., 2014, 11: 69-79.

[16] IMT-2020 (5G) Promotion Group (2015). 5G wireless technology architecture[Z].

[17] WANG I H, SONG B, SOLIMAN S. A holistic view on

hyper-dense heterogeneous and small cell networks[J]. IEEE commun. mag., 2013, 1 (6): 20-27.

[18] BHUSHAN N, LI J, MALLADI D, et al. Network densification: the dominant theme for wireless evolution into 5G[J]. IEEE commun. mag., 2014, 52 (2): 82-89.

[19] 3GPP Tech. Spec. Group RAN TR 36.839. Mobility enhancements in heterogeneous networks (Release 11)[Z]. 2013.

[20] BARBERA S, MICHAELSEN P H, SÄILY M, et al. Improved mobility performance in LTE co-channel HetNets through speed differentiated enhancements[C]//In IEEE Proc. Globecom, Wksp. Heterogeneous, Multi-hop, Wireless, and Mobile Networks, 2012, 426-430.

第 2 章
网络架构

2.1 概述

2.2 分布式网络架构

2.3 集中式网络架构

2.4 以用户为中心的网络架构

2.1　概述

为了满足 5G 网络的需求和性能指标，5G 时代的超密集组网网络架构可以考虑分布式和集中式两种实现架构。其中，分布式多网络融合技术利用各个小区之间现有的增强接口，甚至新增加基于无线传输技术的，并辅以高效的分布式多网络协调算法来协调和融合各个小区。而集中式多网络融合技术则可以通过增加新的 UDN 逻辑控制实体或者功能来统一管理和协调密集分布的小区。

2.2　分布式网络架构

分布式网络由各个小站进行分布式规划和管理，适用于不具备集中式条件的各种灵活部署场景，例如用户自部署、无本地集中节点、回传条件较差等场景。

分布式超密集网络架构，其特点是每个涉及的小站均具有较完整的协议栈和接入管理功能全集，每个小站自行与核心网控制面/用户面节点进行连接，小站之间通过增强的接口设计，完成分布式资源管理和协调协作。分布式网络架构的特点是与传统的 LTE 架构接近，后向兼容性能较好。分布式网络架构示意如图 2-1 所示。

无线 Mesh 是一种分布式的 UDN 网络架构。无线 Mesh 网络就是要构建快速、高效的基站间无线传输网络，着力满足数据传输速率和流量密度需求，实现易部署、易维护、用户体验轻快、一致的轻型 5G 网络。

① 降低基站间进行数据传输与信令交互的时延。

② 提供更加动态、灵活的回传选择，进一步支持在多场景下的基站即插即用。

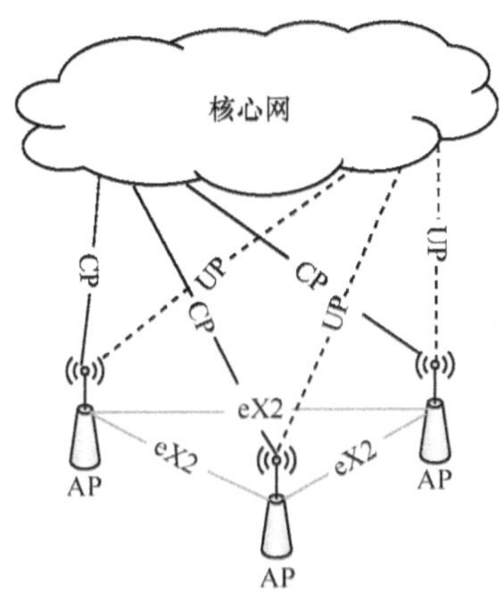

图 2-1　分布式网络架构示意

5G 无线 Mesh 网络如图 2-2 所示。从回传的角度考虑，基础回传网络由有线回传与无线回传组成，具有有线回传的网关基站作为回传网络的网关，无线回传基站及其之间的无线传输链路则组成一个无线 Mesh 网络。其中，无线回传基站在传输本小区回传数据的同时，还可以有能力中继转发相邻小区的回传数据。从基站协作的角度考虑，组成无线 Mesh 网络的基站之间可以通过无线 Mesh 网络快速交互需要协同服务的用户、协同传输的资源等信息，为用户提供高性能、一致性的服务及体验。

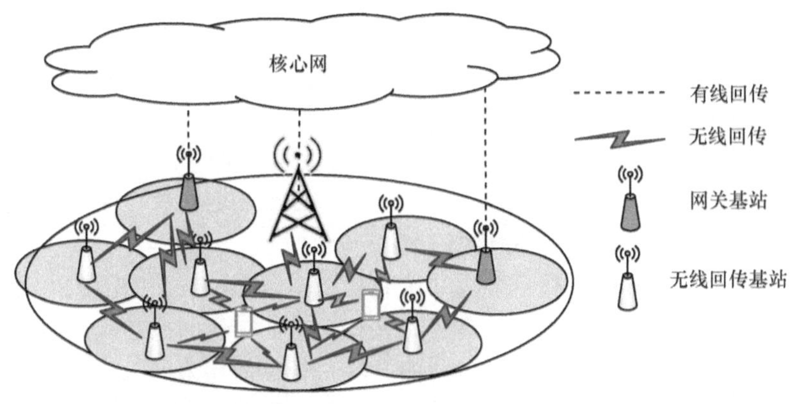

图 2-2　超密集网络部署中的回传网络拓扑

为了实现高效的无线 Mesh 网络，以下技术方面需要着重考虑。

（1）无线 Mesh 网络无线回传链路与无线接入链路的联合设计与联合优化

实现无线 Mesh 网络首先需要考虑无线 Mesh 网络中基站间无线回传链路基于何种接入方式进行实现，并考虑与无线接入链路的关系。而该研究点也是业界诸多主流厂商[1]和国际 5G 项目[2]的研究重点。首先，基于无线 Mesh 的无线回传链路与 5G 的无线接入链路将会有许多相似之处：无线 Mesh 网络中的无线回传链路可以（甚至主要将）工作在高频段上，这与 5G 无线关键技术中的高频通信的工作频段是类似的；无线 Mesh 网络中的无线回传链路也可以工作在低频段上，这与传统的无线接入链路的工作频段是类似的；考虑到 5G 场景下微基站的增加与回传场景的多样化，无线 Mesh 网络中的无线回传链路与无线接入链路的工作及传播环境是类似的。

考虑到以上因素，基于无线 Mesh 的无线回传链路与 5G 的无线接入链路可以进行统一和融合，并按照需求进行相应的增强。比如，无线 Mesh 网络的无线回传链路与 5G 的无线接入链路可以使用相同的接入技术；无线 Mesh 网络的无线回传链路可以与 5G 无线接入链路使用相同的资源池；无线 Mesh 网络中无线回传链路的资源管理、QoS 保障等功能可以与 5G 无线接入链路联合考虑。

这样做的好处包括以下几个方面。

① 简化网络部署，尤其针对超密集网络部署场景；

② 通过无线 Mesh 网络的无线回传链路和无线接入链路的频谱资源动态共享，提高资源利用率；

③ 可以针对无线 Mesh 网络的无线回传链路和无线接入链路进行联合管理和维护，提高运维效率、减少 CAPEX 和 OPEX。

（2）无线 Mesh 网络回传网关规划与管理

如图 2-2 所示，具有有线回传的基站作为回传网络的网关，是其他基站和核心网之间回传数据的接口，对于回传网络性能具有决定性作用。因此，如何选取合适的有线回传基站作为网关，对无线 Mesh 网络的性能具有很大影响。一方面，在进行超密集网络部署时，有线回传基站的可获得性取决于具体站址的物理限制。另一方面，有线回传基站位置的选取也要考虑区域业务分部特性。因此，在进行无线 Mesh 网络回传网络设计时，可以首先确定可获得有线回传的位置和网络结构，然后根据具体的网络结构和业务的分布进一步确定回传网关的位置、数量等。通过无线 Mesh 网络回传网关的规划和管理，可以在保证回传数据传输的同时，有效提升回传网络的效率和能力。

（3）无线 Mesh 网络回传网络拓扑管理与路径优化

如图 2-2 所示，具备无线回传能力的基站组成一个无线 Mesh 网络，进一步实现网络中基站间快速的信息交互、协调与数据传输。并且，具有无线回传能力的基站可以帮助相邻的基站协助传输回传数据到回传网关。因此，如何选择合适的回传路径也是决定无线 Mesh 网络中回传性能的关键因素。一方面，无线 Mesh 网络的回传拓扑和路径选择需要充分考虑无线链路的容量和业务需求，根据网络中业务的动态分布情况和 CQI 需求进行动态的管理和优化。另一方面，无线回传网络拓扑管理和优化需要考虑多种 KPI，例如小区优先级、总吞吐率和服务质量等级保证。而且，在某些路径节点发生变化时（例如某中继无线回传基站发生故障），无线 Mesh 网络能够动态地进行路径更新及重配置。通过无线回传链路的拓扑管理和路径优化，无线 Mesh 网络能够及时、迅速地适应业务分布与网络状况的变化，并能够有效提升无线回传网络的性能和效率。

（4）无线 Mesh 网络回传网络资源管理

在无线回传网络拓扑和回传路径确定之后，如何高效地管理无线 Mesh 网络的资源显得至关重要。并且，如果无线回传链路与无线接入链路使用相同的频率资源，还需要考虑无线回传链路和网络接入链路的联合资源管理，以提升整体的系统性能。对于无线回传链路的资源管理，可以基于特定的调度准则，根据每个小区自身回传数据队列、中继数据队列以及接入链路的数据队列，调度特定的小区和链路在合适的时隙发送回传数据，从而满足业务服务质量要求。该调度器可以基于集中式，也可以基于分布式实现。

（5）无线 Mesh 网络协议架构与接口研究

LTE 中基站间可以通过 X2 接口进行连接，3GPP 针对 X2 接口分别从用户面和控制面定义了相关的标准[3,4]。考虑到无线 Mesh 网络的无线回传链路及其接口固有的特性和与 X2 接口的明显差异，如何设计一套高效的、针对无线 Mesh 网络的协议架构及接口标准显得十分必要。这其中就要考虑以下几个方面。

① 无线 Mesh 网络及接口建立、更改、终止等功能及标准流程；

② 无线 Mesh 网络中基站间控制信息交互、协调等功能及标准流程；

③ 无线 Mesh 网络中基站间数据传输、中继等功能及标准流程；

④ 辅助实现无线 Mesh 网络关键算法的承载信令及功能，例如资源管理算法。

另外，由于在超密集网络部署的场景下基站的站间距会非常小，基站间采用无线回传会带来严重的同频干扰问题。一方面，可以通过协议和算法的设计来减少甚至消除这些干扰。另一方面，也可以考虑如何与其他互补的关键技术相结合来降低干扰，例如高频通信技术、大规模天线技术等。

2.3 集中式网络架构

集中式网络，具有较好的集中协调管理能力，适合于运营商规划部署且回传条件较好的场景，能够为用户提供良好的用户体验和较高的网络整体效率。

在集中式网络架构中，大量小站均集中连接到本地中心，由本地中心统一连接至核心网络。这样集中式处理的好处是：① 对于核心网来说，不需要直接与海量的小站进行连接和管理，节省信令开销和降低复杂度；② 对于接入网来说，大量小站汇聚于本地集中节点一方面有利于移动性管理、信令和流程的优化，另一方面对小站进行集中式资源管理和协调协作，也能获得较大的性能增益。

C-RAN 是一种典型的集中式 UDN 网络架构，其以基带集中处理方式共享处理资能够使得网络具备提供巨大移动通信速率需求的能力，并同时实现运营商减少能源消耗，提高基础设施利用率的需求[5,6]。如图 2-3 所示，C-RAN 是一种集中式的基于云计算的新型蜂窝网络架构，且能够支持当前以及未来无线网络标准。C-RAN 将 BBU 从无线接入单元中分离出来，并将多个 BBU 聚合成 BBU 池结合云计算等技术进行集中式处理，通过多个 BBU 互联互通构成高容量、低延迟的互联架构。相比传统无线接入网络，在 5G 大量小区密集部署的情况下，这种架构将更加灵活，并且具备可扩展的能力。

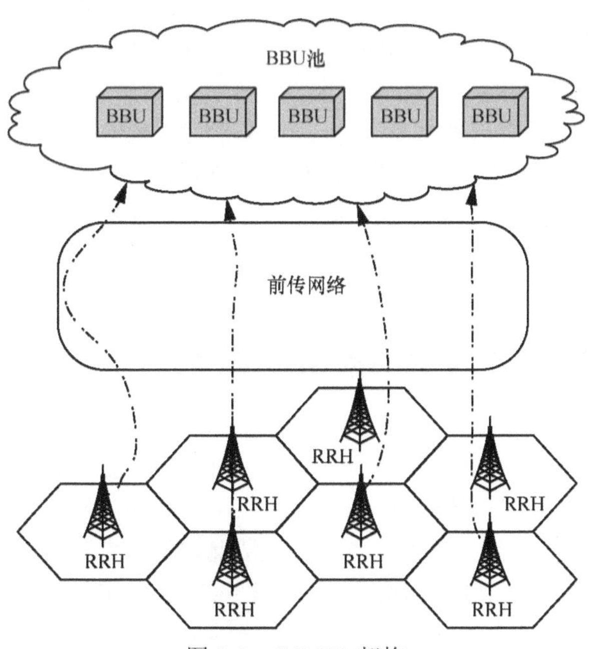

图 2-3　C-RAN 架构

C-RAN 的系统架构，主要是由远端无线射频单元（Radio Remote Unit，RRU）与天线组成的分布式无线网络，具备高带宽、低延迟的光传输网络连接远端无线射频单元，通用处理器和实时虚拟技术组成的集中式基带处理池三大部分组成。所有基带处理单元和远端无线射频单元通过高带宽、低延迟的光传输网络连接起来。基带处理单元（Building Baseband Unit，BBU）集中在一个物理站点构成基带池。基带池中多个基带处理单元之间通过高带宽、低延迟、灵活拓扑、低成本交叉连接。基带池上需要应用基站虚拟化技术，支持基带池物理资源和计算能力的虚拟分配和组合。

C-RAN 架构有以下显著的优点。

① 通过集中化的方式可以极大减少基站机房数量，减少配套设备特别是空调的能耗。

② 远端无线射频单元到用户的距离由于高密度的射频单元配置而缩小，从而在不影响网络整体覆盖的前提下可以降低发射功率。低的发射功率意味着用户终端电池寿命的延长和无线接入网络功耗的降低。

③ 通过所有虚拟基站共享一个基带池，基带池中的处理资源可以动态调度以处理不同的 RRU 的基带信号，更适应移动通信系统中的潮汐效应，实现小区间干扰协调，基带处理资源得到了最优利用，能耗自然降低。

2.4 以用户为中心的网络架构

现有网络架构是以网络为中心，即由网络节点的部署维度来进行为片区用户体验（User Experience，UE）的服务操作，现有网络更适合一个接入节点服务众多用户的情况。而未来网络节点更加小型化密集化，接入节点和用户的关系有可能反过来，一个用户可以得到多个网络节点的共同服务，在这样的场景中，设计以用户为中心的网络，不仅能降低设计复杂度，而且真正以贴近用户的需求为目标，更好地提升用户体验。

超密集组网的网络架构主要包括接入点物理实体、本地内容缓存、边缘计算服务器，以及接入网服务中心和核心网服务中心等逻辑实体。

接入点主要指提供无线接入的节点，包括宏站和微站以及其他各种类型的低功率接入点。在超密集组网场景下，宏站、微站和低功率接入点可以支持多种不同的接入技术。

接入网服务中心提供本地化的控制管理、用户数据处理以及数据传输功能。在超密集组网场景下，部分核心网的控制功能可以下沉到接入网服务中心，提供本地化的控制管理功能，包括无线接入控制、多 RAT 协同、本地移动性管理、本地 QoS 管理等。在理想回传或者前传条件下，接入网服务中心还能实现集中式的用户数据处理功能，基于回传的不同，可以灵活支持物理层、部分物理层、高层等的集中式处理。接入网服务中心的数据传输功能除了数据封装/解封及向上下游进行数据转发外，还可以向本地流量或者 Internet 流量提供优化的数据传输路径，即提供本地数据路由功能。

核心网服务中心主要提供更高级别的网络和业务服务功能，可分为控制面功能和用户面功能。其中，控制面功能包括接入控制、连接管理、网络移动性管理、策略管理等。接入控制主要负责根据终端或用户的签约或属性信息进行鉴权授权管理；连接管理主要用于根据终端或网络的请求建立/修改/删除数据传输连接；网络移动性管理功能负责管理跨接入网服务中心的移动性，例如位置区更新和网间漫游等；策略管理功能主要负责生成数据连接的 QoS 参数和产生计费策略等。核心网服务中心的用户面功能主要包括业务使能以及数据转发等。

本地内容缓存以及边缘计算服务器的主要目的是实现移动网络的智能内容分发技术，将大量相似或者相同的内容信息缓存到本地以提高网络整体传输效率。边缘计算服务器则能够在本地进行实施的业务智能分析和加速，部署本地业务服务等新业务。

参考文献

[1]　5G radio access[Z]. Ericsson review, 2014:6.

[2]   METIS Deliverable D6.4. Final report on architecture[P].2015.

[3]   3GPP Technical Specification 36.423, X2 application protocol (X2AP)(Release 12)[S]. www.3gpp.org.

[4]   3GPP Technical Specification 36.425, X2 interface user plane protocol (Release 12)[S]. www.3gpp.org.

[5]   LI J, WU H. Energy efficient small cell operation under ultra dense cloud radio access networks[C]// Globecom Workshops (GC Wkshps), 2014.

[6]   WANG R, HU H L. Potentials and challenges of C-RAN supporting multi-RATs toward 5G mobile networks[C]//Access, IEEE, 2014.

第 3 章

小区虚拟化技术

3.1　虚拟层技术

3.2　以用户为中心的虚拟小区技术

　　由于用户面容量受限，超密集组网将蜂窝小区分裂为极小的小区，单位面积的接入站点数目为宏覆盖的 10～100 倍，对应的用户管理控制的负荷和复杂度也随之线性提升。另外，由于小区覆盖变小，还带来了诸如终端频繁切换等问题。小区虚拟化技术，改变传统的小区设计理念，在控制上将多个小覆盖的接入站点联合为一个虚拟大小区，而将多个接入站点当做该虚拟小区的资源来调度，从而避免大量的控制信令开销以及终端的频繁切换，提升用户体验和系统效率。

　　小区虚拟化可以有不同的实现方式，总体分为 3 类。

　　第一类是基于网络的静态虚拟小区，如图 3-1 所示。即网络根据部署将一定范围内的多个密集节点规划为一个虚拟小区，对 UE 提供统一的标识以及协作服务，处于同一片区域的不同用户即使服务节点集合不一致，看到的虚拟小区标识等参数也是一致的。

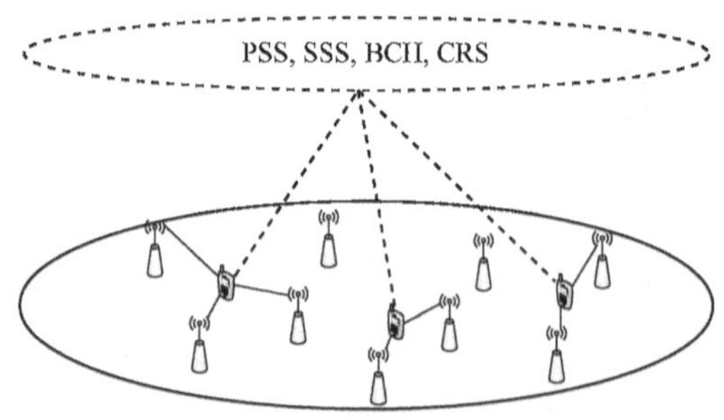

图 3-1　基于网络的静态虚拟小区示意

　　第二类是异构场景中的多层虚拟小区，如图 3-2 所示。即在有宏基站提供基础覆盖的情况下，密集小站进行虚拟化操作，此时宏基站可以承担大部分的控制和管理功能，密集接入站点可以当作虚拟小区的接入资源。

　　第三类是以用户为中心的移动虚拟小区，如图 3-3 所示。即虚拟小区是从用户角度定义的，虚拟小区随着 UE 移动，动态的组织服务节点构成移动虚拟小区为用户服务，不同位置的用户分属不同的虚拟小区。

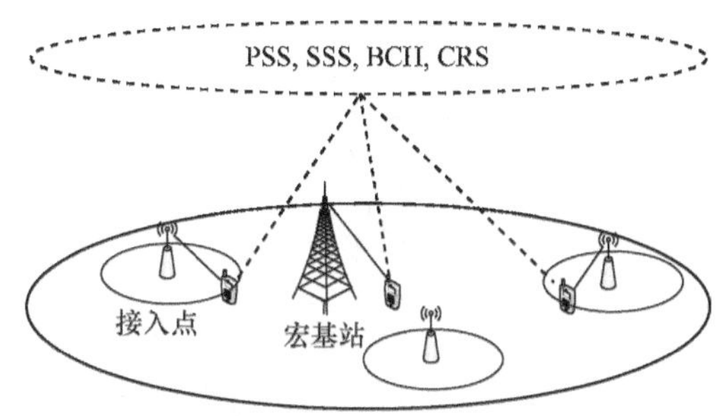

图 3-2　异构多层虚拟小区示意

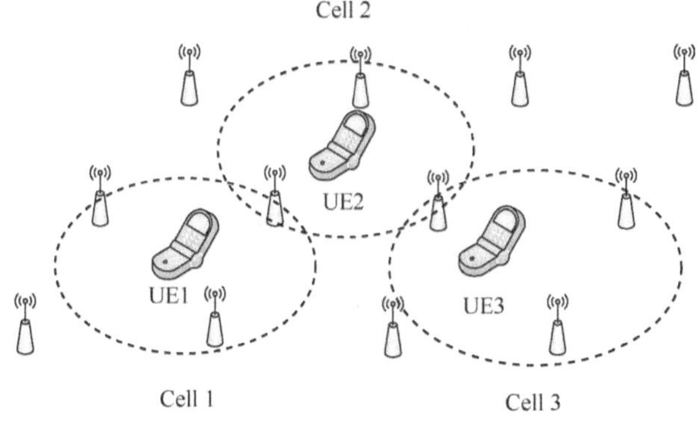

图 3-3　以用户为中心虚拟小区示意

3.1　虚拟层技术

　　虚拟层技术的基本原理是由单层实体网络构建虚拟多层网络。如图 3-4 所示，单层实体微小区构建两层网络——虚拟宏小区和实体微小区，其中虚拟宏小区承载控制信令，负责移动性管理；实体微小区承载数据传输。

　　虚拟层技术可通过单载波和多载波实现。单载波方案通过不同的信号或信道构建虚拟多层网络；而多载波方案通过不同的载波构建虚拟多层网络。

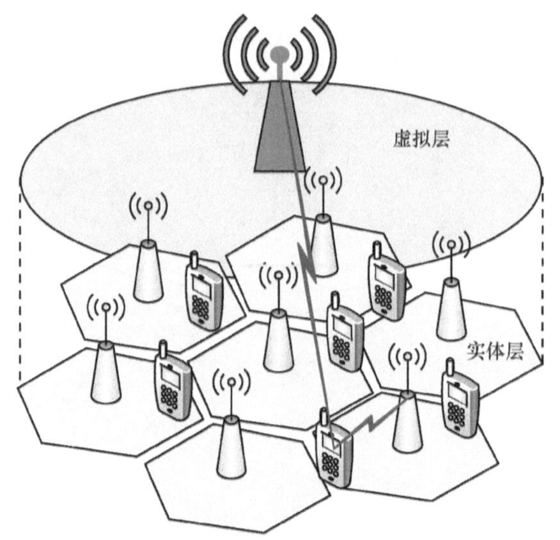

图 3-4　虚拟层技术示意

　　在单载波方案中，将超密集网络中微基站划分为若干个簇，每个簇可分别构建虚拟层。网络为每个簇配置一个虚拟物理小区标识，即 VPCI（Virtual PCI，虚拟 PCI）。同一簇内的微基站同时发送虚拟层参考信号（Virtual Reference Signal，VRS），对应于 VPCI，不同簇发送的 VRS 不同；同一簇内的微基站同时发送广播信息、寻呼信息、随机接入响应、公共控制信令，且使用 VPCI 加扰。传统微小区构成实体层，网络为每个微小区配置一个物理小区标识 PCI。单载波方案中虚拟层的构建可通过时域或频域实现，如图 3-5 和图 3-6 所示。

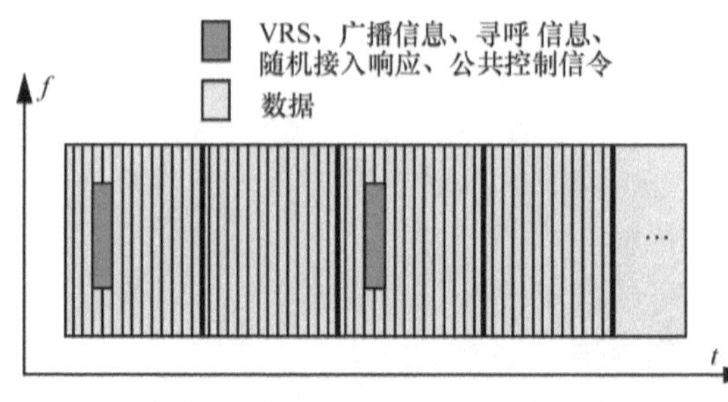

图 3-5　单载波方案——时域实现虚拟层方法

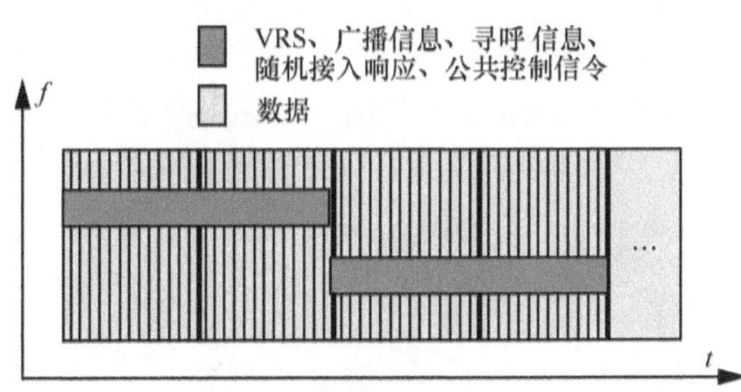

图 3-6　单载波方案——频域实现虚拟层方法

空闲态用户驻留在虚拟层，侦听微小区簇发送的信息，包括 VRS、广播信息、寻呼信息、公共控制信令，同时使用 VPCI 对广播信息、寻呼信息和公共控制信令进行解扰。空闲态用户看到的网络如图 3-7 所示。空闲态用户不需要识别实体层，在同一簇内移动时，不会发生小区重选。空闲态用户通过随机接入过程接入实体层。用户向虚拟层发送 PRACH，并采用 VPCI 加扰；网络收到用户的随机接入请求后由虚拟层向用户发送随机接入响应，并采用 VPCI 加扰。同时根据用户上行信号在各个微小区接收的强度，随机接入响应中包含用户可接入的微小区物理小区标识 PCI；用户接收到虚拟层的随机接入响应后，在 PUSCH 信道上发送消息 3（Msg3），并采用 PCI 加扰；微小区发送消息 4（Msg4），并采用 PCI 加扰。自此，用户完成了随机接入过程，进入连接态。

图 3-7　空闲态用户看到的网络

连接态用户侦听微小区簇发送的信息，包括 VRS、广播信息、寻呼信息、公共控制信令，同时使用 VPCI 对广播信息、寻呼信息和公共控制信令进行解扰。连接态用户可识别实体层中的微小区并和服务小区进行数据交互。网络通过虚拟层实现对连接态用户的管理，用户在同一簇内移动时，不会发生切换。连接态用户看到的网络如图 3-8 所示。

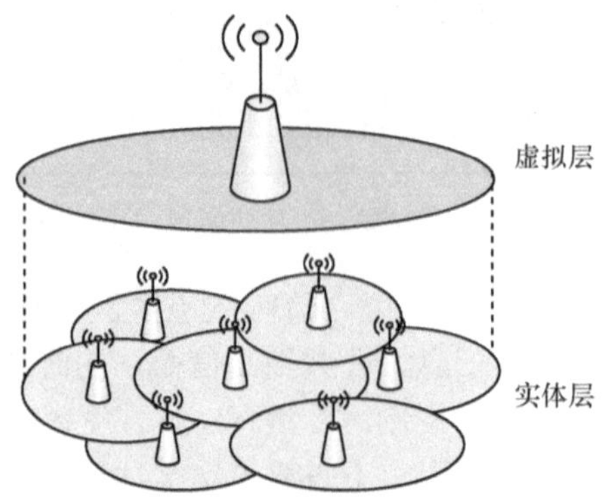

图 3-8　连接态用户看到的网络

在多载波方案中，网络通过不同的载波构建虚拟多层网络。图 3-9 给出了两个载波的例子。在该例子中，同一簇内的不同小区在载波 1 使用相同的 PCI 构建虚拟层，在载波 2 使用不同的 PCI，即实体层。空闲态用户驻留在载波 1，空闲态用户不需要识别实体层，在同一簇内移动时，不会发生切换。连接态用户通过载波聚合技术可同时接入载波 1 和载波 2。网络通过载波 1（虚拟层）实现对连接态用户的管理，用户在同一簇内移动时，不会发生切换。

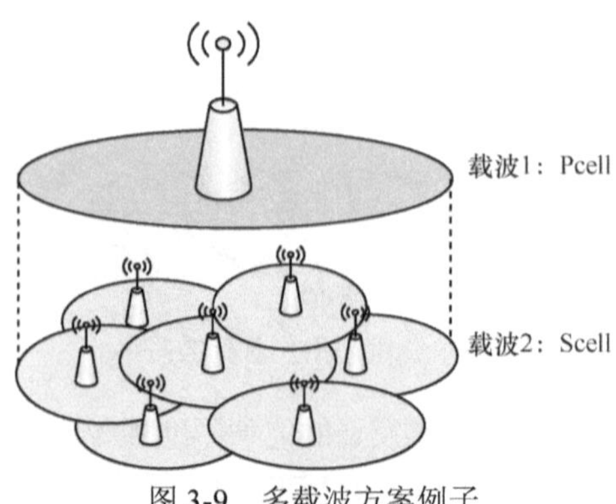

图 3-9　多载波方案例子

1. 虚拟层技术的空闲态移动性管理

（1）虚拟层技术的小区选择

实体小区的系统信息中广播是否属于某虚拟小区，以及所属虚拟小区的 VPCI；UE 在 PLMN 选择之后，测量实体层小区的信号强度，并依据传统小区选择准则确定一个合适的实体小区；若该小区的系统信息中指示出属于虚拟小区及对应 VPCI，则 UE 驻留在对应的虚拟小区，否则 UE 驻留在该实体小区。虚拟层技术的小区选择流程如图 3-10 所示。

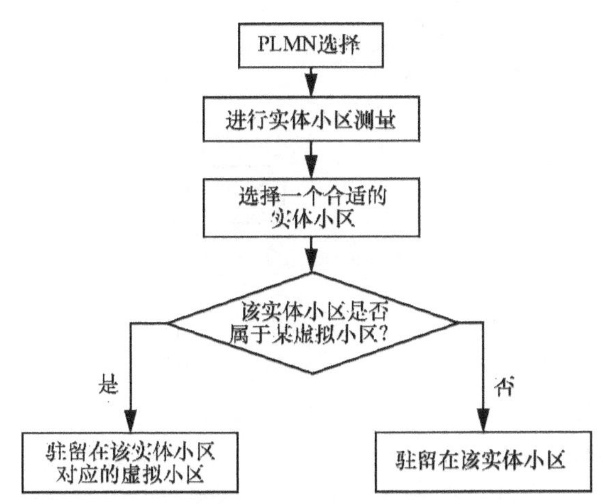

图 3-10　虚拟层技术的小区选择流程

（2）虚拟层技术的小区重选

虚拟小区广播相邻虚拟小区列表；UE 移动过程中测量当前虚拟小区以及相邻虚拟小区的信号强度；若 UE 测量发现相邻某虚拟小区的信号强度大于当前虚拟小区信号强度，则 UE 重选到该虚拟小区；若 UE 测量发现当前虚拟小区信号强度小于门限，则开启对本虚拟小区以外的相邻实体小区的测量；若后续测量发现了适合重选的实体小区，且该小区的系统信息中指示其属于虚拟小区及其 VPCI，则 UE 重选在对应虚拟小区上，否则 UE 选择该实体小区上。虚拟层技术的小区重选流程如图 3-11 所示。

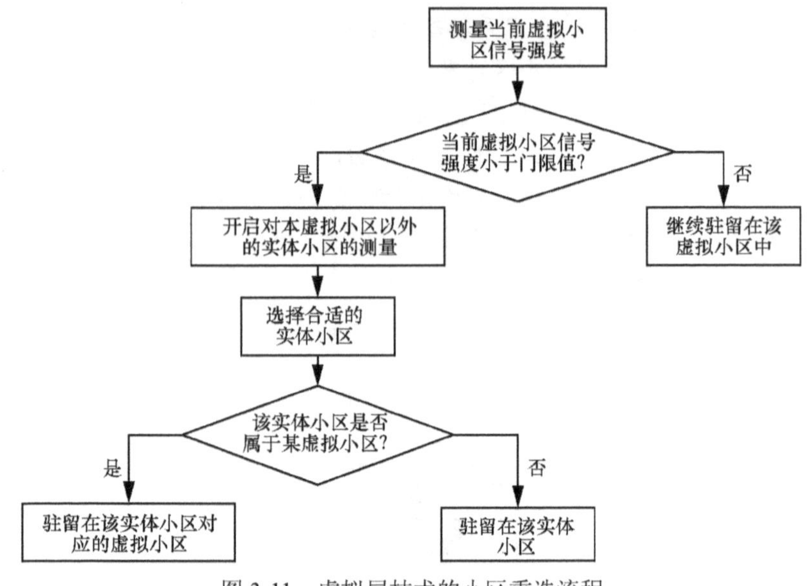

图 3-11　虚拟层技术的小区重选流程

（3）虚拟层技术的寻呼消息发送

依照前面所述，UE 将选择或者重选到虚拟小区，而不是虚拟小区内的实体小区。因此，仅将虚拟小区包括在 TA 中，虚拟小区内的各实体小区将不属于 TA；当 UE 驻留在虚拟小区时，核心网侧将保存 UE 所在虚拟小区所在的 TA，寻呼信息将被下发给虚拟小区以减少核心网的寻呼消息负荷。并且由于用户移动造成的 TAU（Tracking Area Update，跟踪区域更新）过程频率大大降低。

2. 虚拟层技术的连接态移动性管理

（1）测量配置

测量对象：虚拟小区和实体小区都对 UE 进行测量配置。其中，虚拟小区负责虚拟小区（包括虚拟小区和虚拟小区内的实体小区）的测量配置；实体小区配置负责本虚拟小区以外的实体小区，且每个实体小区依据自身位置配置对应的测量实体小区集合。

测量上报：引入测量事件 EVENT X1（虚拟小区测量值小于门

限值），用于开启对本虚拟小区以外的实体小区的测量。为了节约 UDN 网络中终端的耗电量，一般情况下，UE 在虚拟小区内不对本虚拟小区以外的实体小区进行测量，仅在虚拟小区信号质量小于门限值的情况下才启动对周边实体小区的测量。

（2）虚拟层技术的实体小区改变

虚拟小区和实体小区分别进行测量配置，UE 接收到该配置后将移动过程中将符合实体小区改变条件的测量结果上报给虚拟小区。收到测量报告后，虚拟小区依据算法进行判决，并协同源实体小区与目标实体小区完成小区改变准备工作。虚拟小区发送实体小区改变命令以提高消息发送的成功概率，UE 成功接收后执行实体小区改变。虚拟小区、源实体小区和目标实体小区协同完成小区改变后续步骤。虚拟层技术的实体小区改变流程如图 3-12 所示。

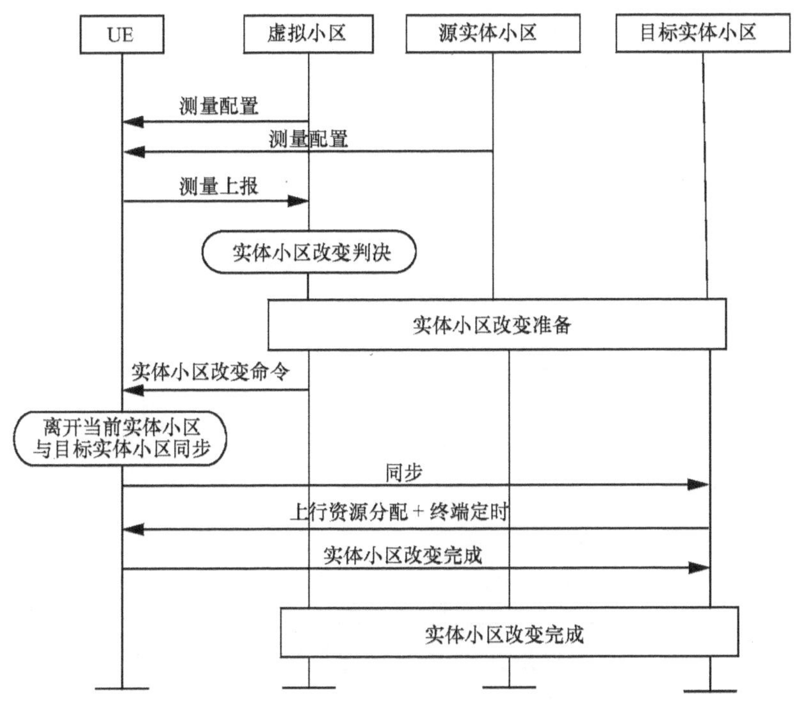

图 3-12　虚拟层技术的实体小区改变流程

（3）虚拟层技术的切换

虚拟小区和实体小区分别进行测量配置，UE 接收到该配置后测量发现虚拟小区测量结果小于门限，将 EVENT X1 上报给虚拟小区。虚拟小区确认后发送开启本虚拟小区以外的实体小区测量的命令。UE 将满足切换条件的测量结果上报，源实体小区判决后向目标实体小区发送切换请求。目标实体小区完成接纳控制后回复切换请求 ACK 消息给源实体小区，接着此条消息被封装成切换命令由虚拟小区发送给 UE。UE 完成后续的切换流程。需要注意的是，若目标实体小区属于某虚拟小区，则 UE 同时切换到该虚拟小区。虚拟层技术的切换流程如图 3-13 所示。

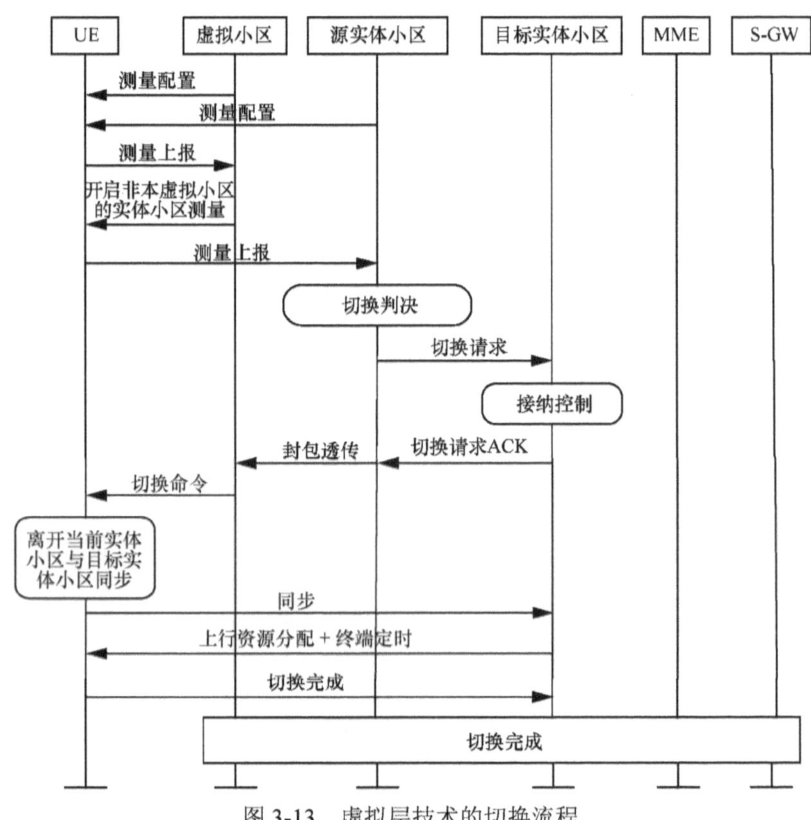

图 3-13　虚拟层技术的切换流程

3.2　以用户为中心的虚拟小区技术

尽管 5G 超密集网络能够通过无线接入基础设施的超密集部署减小热点区域用户的无线接入距离，提供超大的系统资源空间利用率，但随着天线密度的增加，5G 超密集网络也面临着一些新的挑战[1]。在典型的超密集网络场景中，许多低功率远端天线单元（Remote Antenna Units，RAUs）不规则地（通常是随机地）分布在某一块区域中，不同的 RAU 通过前传网络连接到一个中央处理器，这导致超密集网络的拓扑结构通常是随机的。而具有随机拓扑结构的网络其干扰环境比常规的蜂窝网络要复杂得多[2]。因此有必要设计面向 5G 超密集网络的下行传输与资源分配方案。一般地，可以将现有的超密集网络传输方案分为 3 类。第一类是传统的以基站为中心的传输方案，在这种传输方案下，蜂窝中的分布式 RAU 以分布式 MIMO 的方式为其中的用户提供服务[3]。然而，Wang Junyuan 等人在文献[4]中指出，如果未来的无线接入网络继续采用以基站为中心的蜂窝架构，那么总会有遭受严重的小区间干扰（Inter-Cell Interference，ICI）的边缘用户存在，边缘用户的存在将极大拉低系统的平均性能，即使在各个 RAU 上部署大规模天线阵列也无济于事，因为增加天线数量并不能改变蜂窝网络的接入距离。于是以用户为中心的传输方案应运而生，以用户为中心也是虚拟小区的核心概念[5]。

以用户为中心的虚拟小区的目标是消除小区边缘，它打破了传统"小区"的概念，与传统的蜂窝网络不同，在以用户为中心的虚拟小区中，用户根据一定的准则选择其周围的若干个 RAU 构成其服务天线集合，集合中的天线联合为处在中心的用户提供服务。用户与其服务天线集合共同构成了虚拟小区。以用户为中心的虚拟小区，其核心思想是虚拟小区是以用户为单位来定义的，当用户接入网络时，具有一个最初的服务小区，之后随着 UE 的移动，这个服务小区一直跟随 UE 一起提供以用户为中心的服务。当然这种服务小区跟随用户的概念，本质上是说逻辑连接一直保持不变，用户不需要进行控制面切换，但其实 UE 的实际传输所依靠的 RAU 仍旧随着移动在不断变化。随着用户的移动，将会有新的 RAU 加入虚拟小区，同时有旧的 RAU 脱离虚拟小区，如图 3-14 所示。因此，为了减少切换所带来的信令开销和联合信号处理的复杂度，有必要对基于虚拟小区的传输方案进行设计，包括传输功率控制、波束赋形、虚拟小区更新以及 RAU 选择等。文献[6]研究了当每个用户所在的虚拟小区都采用最大比传输（Maximum Ratio Transmission，MRT）时虚拟小区的尺寸对平均用户速率的影响。此外，为了进一步消除由于非协作传输而产生的虚拟小区间的干扰，文献[6]还提出了一种基于虚拟小区分簇的传输方案，在该传输方案中，当各个用户的虚拟小区中有相同的 RAU 时，便将这些用户以及它们的服务天线集合聚合成一个虚拟小区簇，虚拟小区簇内的所有天线联合服务其中的用户，采用 ZF 预编码消除簇内干扰。除了以基站为中心和以用户为中心的传输方案外，第 3 类传输方案是在一定约束条件下寻找用户 RAU 配对、发射功率控制等组合优化解的全局最优传输方案[7-9]。这类传输方案的基本思想是将原 NP 难的组合优化问题转换为一系列凸优化问题或 ILP 问题的组合，然后利用一些现有的优化工具来获得一定约束条件下的全局最优解。

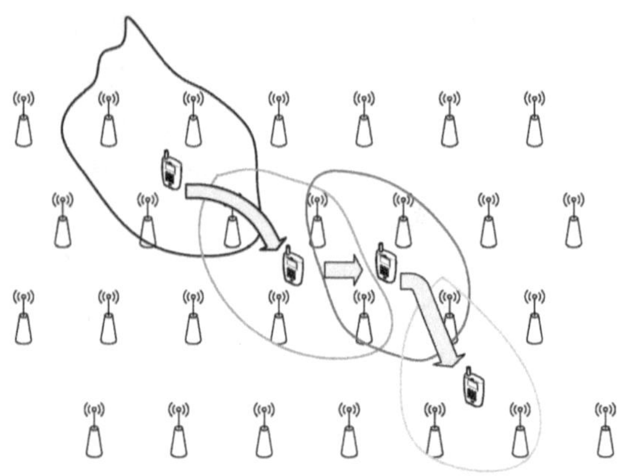

图 3-14　以用户为中心的虚拟小区示意

　　与第一类简单地以基站为中心的非协作传输方案相反，第 3 类传输方案需要在全局范围内进行协作。显然，在第 3 类传输方案下，ICI 的消除是以大量的信息（包括 CSI、控制信令以及用户数据）交互、联合信号处理以及一系列大规模凸优化或 ILP 问题的求解为代价的，当超密集网络中的 RAU 数目很大时，其计算复杂度将变得不可负荷。本书关注以用户为中心的传输方案，这类传输方案只需要局部的协作，并且能够很好地适应不同的网络密度。与文献[6]中提出的基于虚拟小区天线交叠的分簇传输方案不同，此处所提的传输方案把在干扰域交叠的虚拟小区合并到同一个簇中去。具体地，首先构建一张代表不同虚拟小区之间潜在干扰关系的干扰图，在该干扰图中，潜在 ICI 强度超过一定阈值的虚拟小区被视为是相互连接的。在有了干扰图的连接关系之后，属于图中同一个极大连通分量（Maximal Connected Component，MCC）的虚拟小区被分成一组，并合并成一个新的虚拟小区簇。虚拟小区簇内的用户被簇内的天线以 ZF 等波束赋形方式联合服务，以消除簇内干扰。在 ZF 传输过程中，协作仅存在于虚拟小区簇之内，簇与簇之间是不需要进行信息交互的。此外，还提出采用多虚拟小区簇最小均方误差（Multi-Virtual-Cell Minimum Mean Square Error，MVC-MMSE）预编码来进一步抑制虚拟小区在合并之后簇与簇之间存在的干扰，但进一步干扰抑制的代价便是虚拟小区簇之间 CSI 的交互。

3.2.1　虚拟小区系统模型

　　设在超密集网络中共有 K 个单天线用户和 B 个 RAU 随机均匀地分布在一个圆形区域 $\mathcal{A}$ 中。不失一般性，将 $\mathcal{A}$ 的半径归一化为 1。将超密集网络中所有 RAU 和所有用户的集合分别表示为 $\mathcal{B}$ 和 $\mathcal{K}$，其中 $|\mathcal{B}| = B$，$|\mathcal{K}| = K$。假设每个 RAU 也为单天线，并且所有的 RAU 都通过下一代前传接口（Next Generation Fronthaul Interface，NGFI）[10,11]来进行必要的 CSI 和控制信令的交互。超密集网络中的任意一个用户 k（$k \in \mathcal{K}$）动态选择 N_0 个 RAU 作为其初始虚拟小

区。动态服务节点集合选择是超密集节点虚拟小区技术区别于传统蜂窝网络移动性管理的一个重要功能。动态服务节点集合选择是指根据 UE 到周围接入节点的路径信息和资源情况，动态地为 UE 选择当前服务节点。动态时间粒度取决于回程和接口的时延，既可以做到几十毫秒变更一次，也可以做到毫秒量级甚至 1 ms 变更一次。此处设每个用户选择与其最近的 N_0 个 RAU 作为其初始服务接入点集合，并将用户 k 的初始服务 RAU 集合记为 $\mathcal{V}_k$。如果不执行虚拟小区合并，则在 K 个初始虚拟小区中分别用 MRT 为每个用户进行下行数据传输[6]，但这种传输方案由于缺乏协作，会导致严重的虚拟小区间干扰。假设经过虚拟小区合并后超密集网络中共存在 M 个虚拟小区簇，将第 m（$1 \leq m \leq M$）个合并的虚拟小区簇中的用户集合和 RAU 集合分别记为 $\mathcal{K}_m$ 和 $\mathcal{B}_m$，并且记 $|\mathcal{K}_m| = K_m$，$|\mathcal{B}_m| = N_m$。$\mathcal{K}_m$ 中的所有用户由 $\mathcal{B}_m$ 中的所有 RAU 联合提供服务，如图 3-15 所示。图中，虚线椭圆表示在虚拟小区合并之前用户所选择的初始虚拟小区，实线椭圆表示虚拟小区合并之后的虚拟小区簇，同一个实线椭圆中的所有用户由其中的所有 RAU 联合提供服务。记第 m 个虚拟小区簇 $\mathcal{B}_m$ 到其中某个用户 $k \in \mathcal{K}_m$ 的信道矢量如式（3-1）所示。

$$h_{k,\mathcal{B}_m} = \lambda_{k,\mathcal{B}_m} \odot g_{k,\mathcal{B}_m} \tag{3-1}$$

其中，$\lambda_{k,\mathcal{B}_m} \in \mathbb{C}^{1 \times N_m}$ 表示从第 m 个合并的虚拟小区簇到第 k 个用户的大尺度衰落向量，包括路径损耗和阴影衰落，通常可认为大尺度衰落变化比较缓慢，并且可以通过长期的测量与统计被估计出来。$g_{k,\mathcal{B}_m} \in \mathbb{C}^{1 \times N_m}$ 表示 $\mathcal{B}_m$ 中的所有 RAU 到第 k 个用户的小尺度衰落向量，本书假设 $\mathcal{B}$ 中 RAU 到 $\mathcal{K}$ 中用户的小尺度衰落是独立同分布的零均值、单位方差的循环复高斯随机变量。

令 $x_{k,\mathcal{B}_m} \in \mathbb{C}^{N_m \times 1}$ 表示第 m 个合并的虚拟小区簇中的所有 RAU 发射给用户 k 的信号向量（这里，$x_{k,\mathcal{B}_m} \in \mathbb{C}^{N_m \times 1}$ 表示的是用户 k 的符号 s_k 经过发射波束赋形之后虚拟小区簇中各个天线所发射的信号），考虑到多个虚拟小区簇的存在，用户 k 实际接收到的信号可用式（3-2）表示。

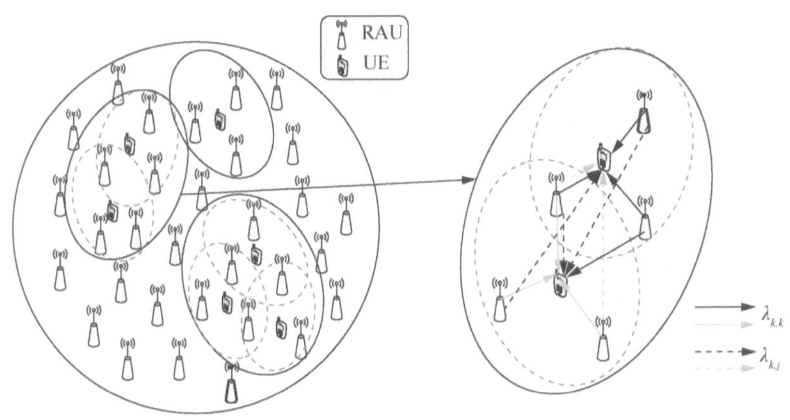

图 3-15　基于虚拟小区合并的 UDN 下行传输示意

$$y_k = \sum_{l=1}^{M} \sum_{j \in \mathcal{K}_l} \sqrt{p_j}\, \boldsymbol{h}_{k,\mathcal{B}_l}\, \boldsymbol{x}_{j,\mathcal{B}_l} + n_k$$

$$= \sqrt{p_k}\, \boldsymbol{h}_{k,\mathcal{B}_m}\, \boldsymbol{x}_{k,\mathcal{B}_m} + \sum_{j \in \mathcal{K}_m, j \neq k} \sqrt{p_j}\, \boldsymbol{h}_{k,\mathcal{B}_m}\, \boldsymbol{x}_{j,\mathcal{B}_m} +$$

$$\sum_{l=1,l \neq m}^{M} \sum_{j \in \mathcal{K}_l} \sqrt{p_j}\, \boldsymbol{h}_{k,\mathcal{B}_l}\, \boldsymbol{x}_{j,\mathcal{B}_l} + n_k \tag{3-2}$$

其中，$n_k \sim \mathrm{CN}(0,\sigma^2)$ 是用户 k 接收时的 AWGN，p_j 是用户 k 符号的发射总功率。假设所有用户符号的发射功率都是一致的，即 $p_j \equiv P$，$\forall j \in \mathcal{K}$。上式第二个等号右边的第一项表示用户 k 接收到的有用信号，第二项和第三项分别表示第 m 个簇内其他用户以及其他虚拟小区簇中的用户对用户 k 造成的干扰。不失一般性，令 $\boldsymbol{x}_{k,\mathcal{B}_m}$ 为经过预编码之后的发射信号，则 $\boldsymbol{x}_{k,\mathcal{B}_m}$ 可表示为 $\boldsymbol{x}_{k,\mathcal{B}_m} = \boldsymbol{w}_{k,\mathcal{B}_m} s_k$。其中，$\boldsymbol{w}_{k,\mathcal{B}_m} \in \mathbb{C}^{N_m \times 1}$ 表示用户 k 的预编码向量，s_k 是虚拟小区簇 m 发送给用户 k 的信息符号，s_k 具有零均值和单位方差。不同用户之间的信息符号是独立不相关的。为了满足不同用户符号等功率发射的限制，可令 $\boldsymbol{w}_{k,\mathcal{B}_m}^{\mathrm{H}} \boldsymbol{w}_{k,\mathcal{B}_m} = 1$。将用户 k 在下行接收到的有用信号功率和干扰信号功率分别记为 S_k 和 I_k，则有

$$S_k = P \times \boldsymbol{h}_{k,\mathcal{B}_m} \boldsymbol{w}_{k,\mathcal{B}_m} \boldsymbol{w}_{k,\mathcal{B}_m}^{\mathrm{H}} \boldsymbol{h}_{k,\mathcal{B}_m}^{\mathrm{H}} \tag{3-3}$$

$$I_k = \sum_{j \in \mathcal{K}_m, j \neq k} P * \boldsymbol{h}_{k,\mathcal{B}_m} \boldsymbol{w}_{j,\mathcal{B}_m} \boldsymbol{w}_{j,\mathcal{B}_m}^{\mathrm{H}} \boldsymbol{h}_{k,\mathcal{B}_m}^{\mathrm{H}} + \sum_{l=1, l \neq m}^{M} \sum_{j \in \mathcal{K}_l} P * \boldsymbol{h}_{k,\mathcal{B}_l} \boldsymbol{w}_{j,\mathcal{B}_l} \boldsymbol{w}_{j,\mathcal{B}_l}^{\mathrm{H}} \boldsymbol{h}_{k,\mathcal{B}_l}^{\mathrm{H}} \tag{3-4}$$

在典型的超密集网络中，干扰源的数量通常很大，因此，用户 k 接收到的干扰信号可以很好地用一个零均值方差为 I_k 的高斯随机变量来近似。从而，用户 k 的遍历频谱效率可表达为

$$R_k = \mathbb{E}_{H_{\mathcal{K}_m, B_m}} \left[1 + \frac{S_k}{I_k + \sigma^2} \right] \tag{3-5}$$

3.2.2　基于虚拟小区合并的下行传输

既然各个用户的初始虚拟小区之间无协作的传输会导致严重的 ICI，那么将相互之间干扰较强的虚拟小区进行合并，并借助 CoMP 的思想，用合并的虚拟小区簇中 RAU 来联合为其中的用户进行数据传输是十分自然的想法。文献[6]中提出了一种直观的虚拟小区分簇方法：将有 RAU 交叠的初始虚拟小区合并为一个虚拟小区簇。然而，由于超密集网络拓扑结构的随机性，在这种分簇方法下，合并之后的虚拟小区簇中所包含的 RAU 和用户数是不可控的，因而在合并之后的虚拟小区簇内进行联合信号处理的计算复杂度也是不可控的。本书提出了一种基于干扰图的虚拟小区合并方案，在所提方案中，合并之后的虚拟小区簇的大小可以很好地通过调整干扰图阈值来控制。下面将对包括基于干扰图的虚拟小区合并方案在内的超密集网络下行传输方案进行详细介绍。

（1）构建干扰图

由于每个用户的信息符号都以等功率发送，因此，RAU b 到用户 k 的长时干扰取决于它们之间的大尺度衰落系数 $\lambda_{k,b}$。基于上述观察，提出了一种用来描述两个不同虚拟小区之间潜在干扰强度的直观度量，其表达式为

$$\gamma_{j,k} = \gamma_{k,j} = \begin{cases} +\infty\,, & k=j \\ \dfrac{\|\boldsymbol{\lambda}_{j,\mathcal{V}_k}\|}{\|\boldsymbol{\lambda}_{j,\mathcal{V}_j}\|} + \dfrac{\|\boldsymbol{\lambda}_{k,\mathcal{V}_j}\|}{\|\boldsymbol{\lambda}_{k,\mathcal{V}_k}\|}\,, & \text{其他} \end{cases} \tag{3-6}$$

其中，$\gamma_{j,k}$ 表示用户 k 和用户 j 所在的初始虚拟小区之间的潜在干扰强度，$\boldsymbol{\lambda}_{k,\mathcal{V}_j}$ 表示从用户 j 的初始虚拟小区中所有 RAU 到用户 k 的大尺度衰落系数向量。一般地，$\gamma_{j,k}$ 越大表示用户 k 和用户 j 所在的初始虚拟小区之间的潜在干扰越强。将每个用户的初始虚拟小区表示成无向图 $\mathcal{G}$ 中的一个顶点，顶点与顶点之间的无向边的权值为顶点所代表的虚拟小区之间的潜在干扰强度。设定一个干扰强度阈值 g_{th} 用以判定两个虚拟小区是否应当合并到同一个虚拟小区簇中去。根据 $\mathcal{G}$ 和 g_{th} 可以构建一张与 $\mathcal{G}$ 相对应的通断图 $\mathcal{G}_b$，$\mathcal{G}_b$ 可由一个 $K \times K$ 的二进制矩阵 $\boldsymbol{T}$ 来描述。

$$T_{k,j} = \begin{cases} 1, & \gamma_{k,j} \geqslant g_{\mathrm{th}} \\ 0, & \text{其他} \end{cases} \tag{3-7}$$

即当且仅当两个顶点对应的初始虚拟小区的潜在干扰强度超过给定阈值，它们才在图 $\mathcal{G}_b$ 中是连通的。

（2）基于干扰图的虚拟小区合并

通过选择合适的干扰强度阈值 g_{th}，可以使得相互之间具有较强干扰的初始虚拟小区在 $\mathcal{G}_b$ 中相连。因而，为了消除 ICI，可以将相互连接的虚拟小区合并到同一个协作虚拟小区簇中去，这就是基于干扰图的虚拟小区合并算法——将同一个 MCC 中的顶点所对应的虚拟小区合并到同一个虚拟小区簇中，如算法 3-1 所示。

算法 3-1：基于干扰图的虚拟小区合并算法

初始化：每个用户 $k \in \mathcal{K}$ 选择最近的 N_0 个 RAU 构成其初始虚拟小区 $\mathcal{V}_k$，构建干扰图 $\mathcal{G}$ 并根据 g_{th} 构建通断图 $\mathcal{G}_b$ 及其描述矩阵 $\boldsymbol{T}$；令虚拟小区簇序号 $m = 1$

while $\mathcal{K} \neq \varnothing$ do

$\forall$ 用户 $k \in \mathcal{K}$，初始化虚拟小区簇的用户集为 $\mathcal{K}_m = k$，RAU 集为 $\mathcal{B}_m = \mathcal{V}_k$

从总用户集中移除用户 k：$\mathcal{K} = \mathcal{K} \backslash \mathcal{K}_m$

生成与 $\mathcal{K}_m$ 相连的用户集：$\mathcal{C}_m = \{j \in \mathcal{K} \mid \sum T_{\mathcal{K}_m, j} \neq 0\}$

while $\mathcal{C}_m \neq \varnothing$ do

    更新第 m 个虚拟小区簇的用户集：$\mathcal{K}_m = \mathcal{K}_m \bigcup \mathcal{C}_m$

    更新第 m 个虚拟小区簇的 RAU 集：$\mathcal{B}_m = \mathcal{B}_m \bigcup \mathcal{V}_{\mathcal{C}_m}$

    更新未合并到虚拟小区簇中的用户集：$\mathcal{K} = \mathcal{K} \backslash \mathcal{C}_m$

    重新生成与 $\mathcal{K}_m$ 相连的用户集：$\mathcal{C}_m = \{j \in \mathcal{K} \mid \sum T_{\mathcal{K}_m, j} \neq 0\}$

end while

$m = m + 1$

end while

输出：返回各个虚拟小区簇的用户集和 RAU 集 $\mathcal{K}_j$，$\mathcal{B}_j$（$1 \leqslant j \leqslant m-1$）

（3）虚拟小区簇内 ZF 波束赋形

为了抑制非协作传输在 UDN 中产生的严重 ICI，有必要在合并的虚拟小区簇中考采用合作传输方案。最直观的簇内干扰抑制方案便是 ZF 波束赋形。簇内波束赋形仅需要簇内的 CSI 交互。令 $\boldsymbol{H}_{\mathcal{K}_m, \mathcal{B}_m} \in \mathbb{C}^{|\mathcal{K}_m| \times |\mathcal{B}_m|}$ 表示虚拟小区簇 $\mathcal{B}_m$ 和它所服务的用户集 $\mathcal{K}_m$ 之间的下行信道矩阵。则该簇内 ZF 波束赋形预编码矩阵 $\boldsymbol{Z}_{\mathcal{K}_m, \mathcal{B}_m}$ 可直接由 $\boldsymbol{H}_{\mathcal{K}_m, \mathcal{B}_m}$ 的伪逆表示，即 $\boldsymbol{Z}_{\mathcal{K}_m, \mathcal{B}_m} = \boldsymbol{H}_{\mathcal{K}_m, \mathcal{B}_m}^{\mathrm{H}} \left(\boldsymbol{H}_{\mathcal{K}_m, \mathcal{B}_m} \boldsymbol{H}_{\mathcal{K}_m, \mathcal{B}_m}^{\mathrm{H}} \right)^{-1}$。然而，$\boldsymbol{H}_{\mathcal{K}_m, \mathcal{B}_m}$ 的伪逆的存在需要 $\boldsymbol{H}_{\mathcal{K}_m, \mathcal{B}_m}$ 是行满秩的，这就要求 $|\mathcal{B}_m| \leqslant |\mathcal{K}_m|$。但是由于超密集网络具有随机拓扑结构，基于 RAU 交叠的虚拟小区合算法和基于干扰图的虚拟小区合并算法都不能保证 $\boldsymbol{H}_{\mathcal{K}_m, \mathcal{B}_m}$ 是行满秩的。在这种情况下，本书仍然采用 MRT 来为下行信道矩阵不满足行满秩条件的虚拟小区簇内的用户提供服务，对应的波束赋形矩阵为 $\boldsymbol{R}_{\mathcal{K}_m, \mathcal{B}_m} = \boldsymbol{H}_{\mathcal{K}_m, \mathcal{B}_m}^{\mathrm{H}}$。考虑到每个用户的预编码向量都具有单位范

数，当采用 ZF 波束赋形方案时，第 k 个用户（$k \in \mathcal{K}_m$）的实际预编码向量为

$$
\boldsymbol{w}_{k,\mathcal{B}_m}^{\mathrm{ZF}} = \begin{cases} \boldsymbol{z}_{k,\mathcal{B}_m} / \| \boldsymbol{z}_{k,\mathcal{B}_m} \| , & |\mathcal{B}_m| \leqslant |\mathcal{K}_m| \\ \boldsymbol{r}_{k,\mathcal{B}_m} / \| \boldsymbol{r}_{k,\mathcal{B}_m} \| , & \text{其他} \end{cases} \tag{3-8}
$$

其中，$\boldsymbol{z}_{k,\mathcal{B}_m}$ 和 $\boldsymbol{r}_{k,\mathcal{B}_m}$ 分别表示矩阵 $\boldsymbol{Z}_{\mathcal{K}_m,\mathcal{B}_m}$ 和 $\boldsymbol{R}_{\mathcal{K}_m,\mathcal{B}_m}$ 中与 $\mathcal{K}_m$ 中用户 k 相对应的列向量。

（4）多虚拟小区簇 MMSE 预编码

ZF 波束赋形传输方案仅能消除虚拟小区簇之内的干扰。而在实际的 UDN 场景中往往存在多个虚拟小区簇，ZF 波束赋形未考虑的虚拟小区簇之间的干扰也可能对系统性能有较大的影响。为了进一步抑制簇与簇之间的干扰，此处提出了一种 MVC-MMSE 预编码方案。该方案虽然能在抑制簇内干扰的同时抑制簇间干扰，但是需要交互的信息量也更大，包括簇内的 CSI 交互以及簇与簇之间的 CSI 交互，这大大增加预编码所需的信令开销。然而，即便如此，MVC-MMSE 所需的信令开销对前传网络造成的压力仍然比全局最优传输方案小得多，这是因为全局最优传输方案不仅需要在全局范围内交互 CSI，还需要在全局范围内交互用户数据。对于任意一个虚拟小区簇的用户集 $\mathcal{K}_m$，其 MVC-MMSE 预编码矩阵 $\boldsymbol{M}_{\mathcal{K}_m,\mathcal{B}_m}$ 可通过求解如下优化问题得到。

$$
\boldsymbol{M}_{\mathcal{K}_m,\mathcal{B}_m} = \operatorname*{argmin}_{\{W\}} \mathbb{E}[\| \boldsymbol{H}_{\mathcal{K}_m,\mathcal{B}_m} \boldsymbol{W} \boldsymbol{s}_{\mathcal{K}_m} + \boldsymbol{n}_{\mathcal{K}_m} - \boldsymbol{s}_{\mathcal{K}_m} \|^2 + \sum_{l=1,l\neq m}^{M} \| \boldsymbol{H}_{\mathcal{K}_l,\mathcal{B}_m} \boldsymbol{W} \boldsymbol{s}_{\mathcal{K}_m} \|^2]
$$

$$
\tag{3-9}
$$

其中，$\boldsymbol{H}_{\mathcal{K}_l,\mathcal{B}_m} \in \mathbb{C}^{|\mathcal{K}_l| \times |\mathcal{B}_m|}$ 表示第 m 个虚拟小区簇的 RAU 集 $\mathcal{B}_m$ 与第 l 个虚拟小区簇的用户集 $\mathcal{K}_l$ 之间的下行信道矩阵。$\boldsymbol{W}$ 是目标变量，$\boldsymbol{s}_{\mathcal{K}_m} \in \mathbb{C}^{|\mathcal{K}_m| \times 1}$ 是要传输给第 m 个虚拟小区簇的用户集 $\mathcal{K}_m$ 的信息符号向量，$\boldsymbol{n}_{\mathcal{K}_m} \in \mathbb{C}^{|\mathcal{K}_m| \times 1}$ 是独立同分布的 AWGN，其元素服从均值为 0 方

差为 σ^2 的循环复高斯分布 $CN(0,\sigma^2)$。该优化问题的目标是最小化第 m 个虚拟小区簇内的有用信号接收误差与对其他虚拟小区簇造成的干扰之和。在总发射功率受限的情况下，其解为

$$M_{\mathcal{K}_m,\mathcal{B}_m} = \Big(\sum_{l=1}^{M} H_{\mathcal{K}_l,\mathcal{B}_m}^{\mathrm{H}} H_{\mathcal{K}_l,\mathcal{B}_m} + \sigma^2 I_{|\mathcal{K}_l|}\Big)^{-1} H_{\mathcal{K}_m,\mathcal{B}_m}^{\mathrm{H}} \tag{3-10}$$

将 $M_{\mathcal{K}_m,\mathcal{B}_m}$ 的各列归一化，即可得到第 m 个虚拟小区簇中用户 k 的 MVC-MMSE 预编码向量。

$$w_{k,\mathcal{B}_m}^{\mathrm{MVC\text{-}MMSE}} = \frac{m_{k,\mathcal{B}_m}}{\| m_{k,\mathcal{B}_m} \|} \tag{3-11}$$

3.2.3　虚拟小区性能分析

令 $w_{k,\mathcal{B}_m}$ 表示 $\mathcal{K}_m$ 中的任意用户 k 的任何一种预编码向量，即 $w_{k,\mathcal{B}_m}$ 可以是 $w_{k,\mathcal{B}_m}^{\mathrm{ZF}}$ 和 $w_{k,\mathcal{B}_m}^{\mathrm{MVC\text{-}MMSE}}$ 中的任何一个。关注不同虚拟小区合并方案及预编码方案下的用户平均频谱效率，其表达式为 $\bar{R} = \sum_{k \in \mathcal{K}} R_k / K$。现在，通过仿真来验证所提基于虚拟小区合并的传输方案在平均用户频谱效率以及以最大簇尺寸和平均簇尺寸的方式呈现的信号处理复杂度和信令开销等方面的优势。

共对 5 种不同传输方案进行了仿真，包括 MRT、基于小区交叠的虚拟小区簇迫零波束赋形（ZFBF with Virtual Cell Merging Based on Virtual Cell Overlapping，ZF-VCMO）、基于干扰图的虚拟小区簇迫零波束赋形（ZFBF with Virtual Cell Merging Based on Interference Graph，ZF-VCMG）、基于小区交叠的多虚拟小区簇最小均方误差预编码（MVC-MMSE with Virtual Cell Merging Based on Virtual Cell Overlapping，MVC-MMSE-VCMO）和基于干扰图的多虚拟小区簇最小均方误差预编码（MVC-MMSE with Virtual Cell Merging Based on Interference Graph，MVC-MMSE-VCMG）。仿真参数设置见表 3-1。

表 3-1　基于虚拟小区合并的 UDN 下行传输仿真参数设置

参数	值
区域半径 R	1
RAU 数 B	1 000/10 000
用户数 K	50
路径损耗因子 μ	−4
信道	瑞利
信噪比 P/σ^2	1

图 3-16 比较了不同初始虚拟小区尺寸 N_0 下 MRT、ZF-VCMO 和 MVC-MMSE-VCMO 等传输方案的平均用户频谱效率 $\overline{R}$。可以看出，在没有虚拟小区合并的传输方案（MRT）中，$\overline{R}$ 在较小的 N_0 下取得最大值；相比于 MRT，ZF-VCMO 能够随着 N_0 的增加显著地提升 $\overline{R}$。当 N_0 足够大时，$\overline{R}$ 不再随着 N_0 的增加而增加，而是趋于饱和。这是由于大的 N_0 使得每个用户的初始虚拟小区有更大的

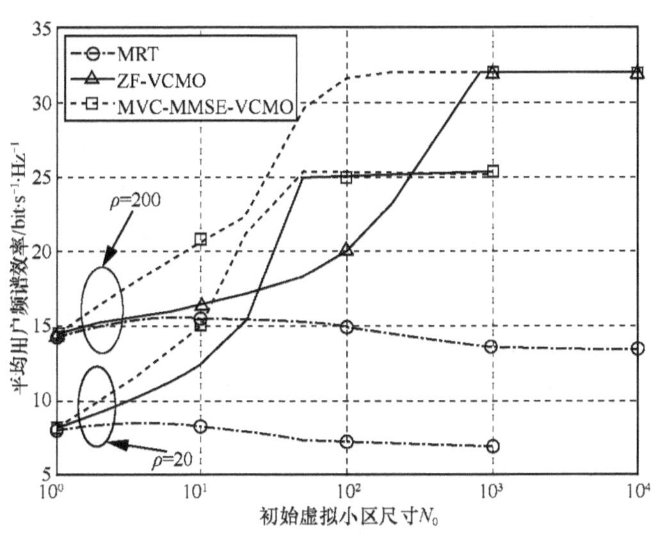

图 3-16　不同 N_0 下基于虚拟小区交叠的分簇方法的平均用户频谱效率

概率与其他用户的初始虚拟小区相互交叠。当 N_0 足够大时，所有用户的初始虚拟小区将不可避免地相互交叠在一起。这种情况下，超密集网络中只有一个合并的虚拟小区簇，以全局 ZF 的方式为所有用户提供服务。从图 3-16 中还可以得出 MVC-MMSE-VCMO 相比于 ZF-VCMO 在相同的 N_0 下能够显著提升 $\overline{R}$ 的结论。从而，达到相同的目标 $\overline{R}$ 时，MVC-MMSE-VCMO 所需的 N_0 比 ZF-VCMO 小得多，即合并之后的虚拟小区簇的尺寸也要小得多。但是 MVC-MMSE-VCMO 需要在虚拟小区簇之间进行 CSI 的交互。这意味着所提的 MVC-MMSE-VCMO 能够以少量额外的信令开销为代价显著降低超密集网络在下行传输时信号处理的复杂度。

图 3-17 比较了不同连通度 φ 下 MRT、ZF-VCMG 和 MVC-MMSE-VCMG 等传输方案的平均用户频谱效率 $\overline{R}$。其中，连通度 φ 与干扰阈值 g_{th} 的关系如下：对所有的 $\gamma_{j,k}$ 从小到大进行排序，得到 $K^2 \times 1$ 的序列 γ_s。令 $\mathrm{ind} = \lceil (1-c)K^2 \rceil$，则 $g_{th} = \gamma_s[\mathrm{ind}]$，即 g_{th} 为第 ind 大的干扰强度。这样，不同的 φ 便代表了不同的干扰图连接度。φ 越大，则干扰阈值 g_{th} 越小，更多的虚拟小区将在干扰图中是相连的。可以通过调节 φ 的值来控制合并之后的虚拟小区簇的尺寸。从图 3-17 中可以看出，在不同的 φ 下，ZF-VCMG 相比 MRT 能够显著提升平均用户频谱效率。当 φ 足够大时，平均用户频谱效率也像图 3-16 中那样达到了饱和状态。这是由于当图 $\mathcal{G}_b$ 的连接数足够大时，图 3-16 中将仅有一个 MCC，即图 3-16 中任意两个节点之间都有连通路径，这种情况下将仅有一个合并的虚拟小区簇，这个虚拟小区簇包含了所有的初始虚拟小区。不同于图 3-16 中结果，在图 3-17 中，MVC-MMSE-VCMG 相比于 ZF-VCMG 仅在较小的 φ 下有极其有限的增益（几乎可以忽略不计），而在较大的 φ 下，二者的平均用户频谱效率几乎重叠。这表明，在没有簇间 CSI 交互的条件下，基于干扰图的虚拟小区合并方案相比于基于初始虚拟小区交叠的合并方案能更好地规避超密集网络中的主要干扰，且其性能能够逼近有簇间 CSI 交互条件下的预编码性能。

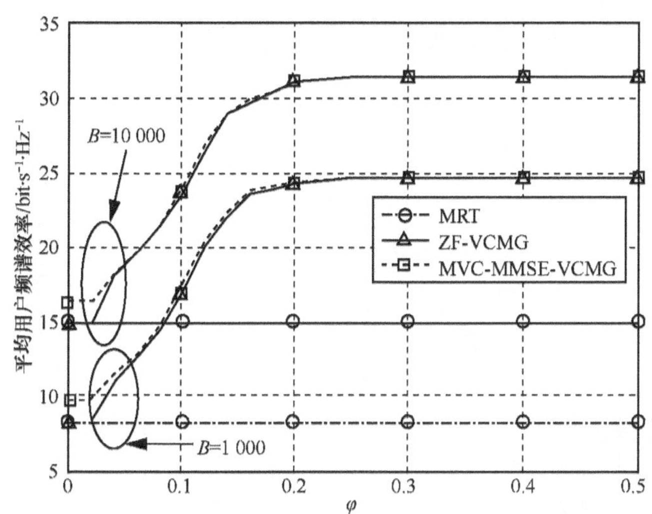

图 3-17　不同连通度 φ 下基于干扰图的分簇方法的平均用户频谱效率

VCMO 和 VCMG 都能以一定的信号处理复杂度或信令开销为代价显著提升超密集网络中的平均用户频谱效率 $\bar{R}$。注意到对于给定的 K 和 B，ZF 所需的簇内 CSI 交互带来的信令开销与平均簇尺寸 C_a 成正比，MVC-MMSE 所需的额外簇间 CSI 交互带来的信令开销与 B^2/C_a 成正比；ZF 或 MVC-MMSE 预编码所需的信号处理复杂度均与最大簇尺寸 C_m 的三次方成正比。

图 3-18 与图 3-19 展现了各种传输方案的平均用户频谱效率与平均簇尺寸和最大簇尺寸的对应关系。用平均簇尺寸代表传输方案对信令开销的需求、用最大簇尺寸代表传输方案对信号处理复杂度的需求，对比了各种不同传输方案在信令开销和信号处理复杂度上的区别。图 3-18 和图 3-19 中的结果表明，ZF-VCMG 总能在更小的平均簇尺寸和最大簇尺寸下达到与 ZF-VCMO 相同的 $\bar{R}$。同时，相比于 MVC-MMSE-VCMO，ZF-VCMG 在较低的 $\bar{R}$ 下的平均或最大簇尺寸与其接近，但在较高的 $\bar{R}$ 下，ZF-VCMG 的平均或最大簇尺寸远小于 MVC-MMSE-VCMO。这表明，ZF-VCMG 传输方案能够在没有簇间 CSI 交互的情况下以更少的

簇内 CSI 交互以及更低的信号处理复杂度达到与 MVC-MMSE-VCMO 相同的 $\bar{R}$。

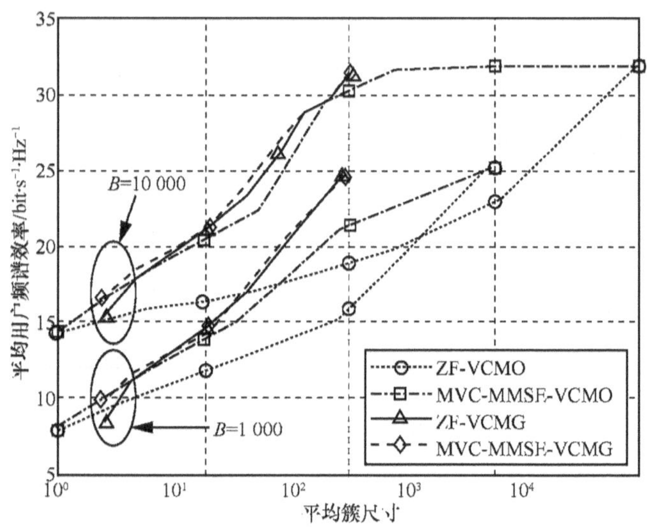

图 3-18　各种传输方案下 $\bar{R}$ 与平均簇尺寸的对应关系

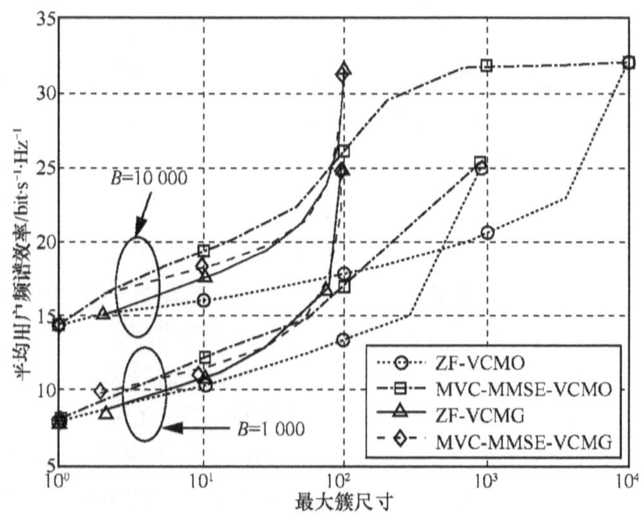

图 3-19　各种传输方案下 $\bar{R}$ 与最大簇尺寸的对应关系

图 3-20 展示了不同传输方案在相同的最大簇尺寸下用户频谱效率的累积分布函数（Cumulative Distribution Function，CDF）。可以看出，基于 VCMO 和 VCMG 的传输方案的用户频谱效率相比 MRT 而言分布在一个更窄的范围内，这表明超密集网络中以用户为中心的虚拟小区传输方案能够有效地增强蜂窝网络中小区边缘用户的体验，缩小用户之间的性能差异。因此，以用户为中心的虚拟小区传输方案对用户的位置比以基站为中心的传输方案的敏感性差得多，这使得我们朝着超密集网络中一致高的用户体验质量（Quality of Experience，QoE）又迈进了一步。此外，图 3-20 还表明，ZF-VCMG 在平均用户频谱效率和边缘用户频谱效率上大大超过了 MRT 和 ZF-VCMO。而 MVC-MMSE-VCMO 的性能在 B 很大的时候能够逼近 ZF-VCMG，但是需要大量的簇与簇之间的 CSI 交互。MVC-MMSE-VCMG 虽然相比于 ZF-VCMG 有着额外的簇间信令开销，但这额外的开销对于用户频谱效率 CDF 曲线的右移几乎没有任何贡献。

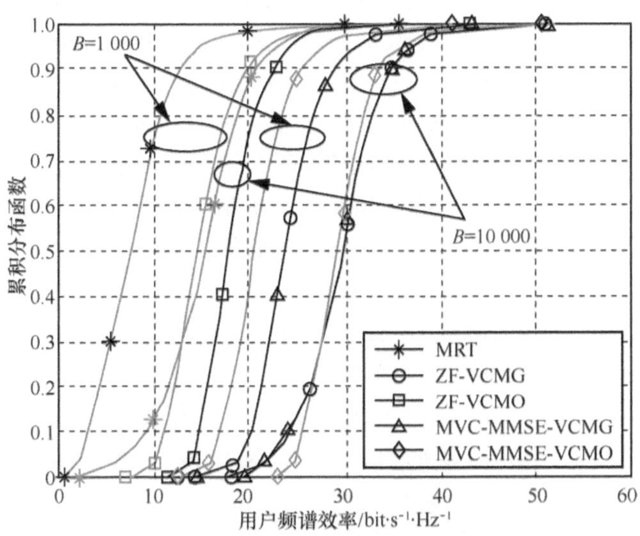

图 3-20　各种传输方案用户频谱效率的累积分布函数

参考文献

[1] LÓPEZ-PÉREZ D, DING M, CLAUSSEN H, et al. Towards 1 Gbps/UE in cellular systems: understanding ultra-dense small cell deployments[J]. Communications surveys & tutorials, IEEE, 2015, 17(4): 2078-2101.

[2] GOTSIS A G, STEFANATOS S, ALEXIOU A. Ultra dense networks: the new wireless frontier for enabling 5G access[J]. ArXiv preprint arXiv: 1510. 05938, 2015.

[3] HEATH R, PETERS S, WANG Y, et al. A current perspective on distributed antenna systems for the downlink of cellular systems[J]. Communications magazine, IEEE, 2013, 51(4): 161-167.

[4] WANG J, DAI L. Asymptotic rate analysis of downlink multi-user systems with co-located and distributed antennas[J]. IEEE transactions on wireless communications, 2015, 14(6): 3046-3058.

[5] DAI L. An uplink capacity analysis of the distributed antenna system (DAS): from cellular DAS to DAS with virtual cells[J]. IEEE transactions on wireless communications, 2014, 13(5): 2717-2731.

[6] WANG J, DAI L. Downlink rate analysis for virtual-cell based large-scale distributed antenna systems[J]. IEEE trans. wireless commun., 2016, 15(3): 1998-2011.

[7] SHI Y, ZHANG J, LETAIEF K B, et al. Large-scale convex optimization for ultra-dense cloud-RAN[J]. Wireless communications, IEEE, 2015, 22(3): 84-91.

[8] GOTSIS A G, ALEXIOU A. Global network coordination in densified wireless access networks through integer linear program-

mming[C]//Personal Indoor and Mobile Radio Communications (PIMRC), 2013 IEEE 24th International Symposium on. IEEE, 2013: 1548-1553.

[9]　GOTSIS A G, STEFANATOS S, ALEXIOU A. Spatial coordination strategies in future ultra-dense wireless networks[C]//Wireless Communications Systems (ISWCS), International Symposium on. IEEE, 2014: 801-807.

[10]　CHIH-LIN I, YUAN Y, HUANG J, et al. Rethink fronthaul for soft RAN[J]. Communications magazine, IEEE, 2015, 53(9): 82-88.

[11]　CHIH-LIN I, YUAN Y, MA S. NGFI, the xhaul[C]// Globecom Workshops (GC Wkshps), 2015: 1-6.

第 4 章

干扰管理

4.1　基于网络侧的干扰管理

4.2　基于终端侧的干扰管理

　　干扰管理是确保 UDN 系统性能的最具有挑战性的问题之一，因为密集部署的网络节点可能引入大量同时发射的信号，并由此产生严重的干扰。最重要的是，下一代网络将采纳不同的新近技术，包括大规模 MIMO（Massive MIMO）、大规模载波聚合（Massive CA）和灵活双工（Flexible Duplex）。在期望这些技术提供更好的用户体验的时候，正如下面这些例子所诠释的一样，它们可能使 UDN 的干扰场景更加复杂化。接入链路同方向之间的干扰：首先，大规模 MIMO 将引入软扇区，大规模载波聚合将引入业务自适应的小区快速开关，这些都将导致在时间空间上的干扰模式的更加不确定性；其次，在大规模载波聚合中，成分载波（Component Carriers）可能形成大量不同覆盖范围的小区，这将在网络中引入更多不可预测的干扰特征。接入链路不同方向之间的干扰：在灵活双工网络中，来自不同方向的发射如果不进行协作，将引入更严重的网络节点间的交叉干扰，即上行到下行（UL-to-DL）和下行到上行（DL-to-UL）的干扰。因此，在这样的复杂干扰场景中，干扰管理是确保 UDN 系统性能的其中一个关键因素。

　　随着对 LTE 系统中小区间干扰问题的深入研究，仅仅依靠单个小区中的基站来解决小区间的干扰变得越来越困难。多小区协作技术可以通过多个小区的基站联合处理信号，从而有效降低小区间干扰。多小区协作处理分为上行多小区协作处理和下行多小区协作处理。受制于终端处理能力，目前多小区协作联合发送的研究重点在网络侧，也就是下行多小区协作处理。多小区协作网络中的终端用户可以接收到来自多个基站的信号，将原来属于相互干扰的多个小区间干扰信号对同一用户终端做数据传输，很好地解决了小区间干扰问题，从而提升了系统性能。然而，多小区协作处理需要进行大量的协作信令交互，以及数据资源共享，这些都给多小区协作处理技术带来了挑战。

　　国内外高校、企业和标准化组织对干扰管理进行了大量的研究。表 4-1 总结了干扰管理不同的方案[1,2]。

表 4-1　干扰管理方案归类

方案		描述
网络侧干扰协调	空域干扰协调[3]	在多个小区间采用多天线波束赋形技术进行干扰规避和抑制
	时域干扰协调[4]	小区间保持不同，当小区 A 发送数据时，小区 B 静默。如 3GPP Release 10 定义的 eICIC
	频域干扰协调[5]	小区间采用频率复用或软频率复用规避干扰
	功率域干扰协调[6]	通过功控协调相邻小区的发送功率，从而规避小区间的干扰
先进接收机	线性干扰抑制接收机	在接收端通过对信号的线性合并对干扰进行抑制，如 IRC 接收机
	非线性干扰删除接收机	在接收端估计干扰并将干扰删除，如 SIC 或 PIC 接收机

4.1　基于网络侧的干扰管理

小区间的干扰协调技术可通过时域、频域、空域或功率域实现[2]。CoMP 属于空域干扰协调[3]。时域干扰协调包括 eICIC、FeICIC 和动态小区开关[4,7]。频域干扰协调可分为静态频率复用方法和动态频率复用方法两大类[5]。

4.1.1　协同多点传输

CoMP 又被称为 Network MIMO（网络 MIMO），是指下行由多个传输点在相同的时频资源上协作为同一用户发送数据，或者上行由多个接收点在相同的时频资源上协作接收同一用户的数据。参与协作的多个传输点在地理位置上可以分开或者共址，可以属于相同或不同的小区。CoMP 技术通过对干扰信号的抑制及对有用信号的增强，可以有效提高系统边缘用户的吞吐量和频谱效率，从而提升网络整体性能，成为 4G 的关键技术之一。

CoMP 包括上行 CoMP 和下行 CoMP。上行 CoMP 主要实现相关问题，在 LTE 标准层面，下行 CoMP 更为复杂。根据参与 CoMP 处理的传输点小区是否在相同位置，CoMP 可以分为同一站点（Intra-site）CoMP 和站点间（Inter-site）CoMP 两种方式。Intra-site CoMP 无需不同站点间数据和信令上的交互，较易于实现，而 Inter-site CoMP 中需要不同站点之间的数据和信令交互，对于接口的传输带宽和时延都有较高的要求。

根据不同功率节点使用的频点是否相同以及回传条件的不同，异构网络部署下可以划分如下 3 种 CoMP 应用场景[7-9]。

（1）应用场景 1

该场景对应于 LTE Release 11 CoMP 研究中的场景 3/4，其中 CoMP 协作小区由一个宏 eNodeB 和多个低功率 RRH 组成，两者使用相同频率，采用理想回传（如光纤）相连。另外，eNodeB 与 RRH 之间可以采用不同和相同的小区 ID，如图 4-1 所示。

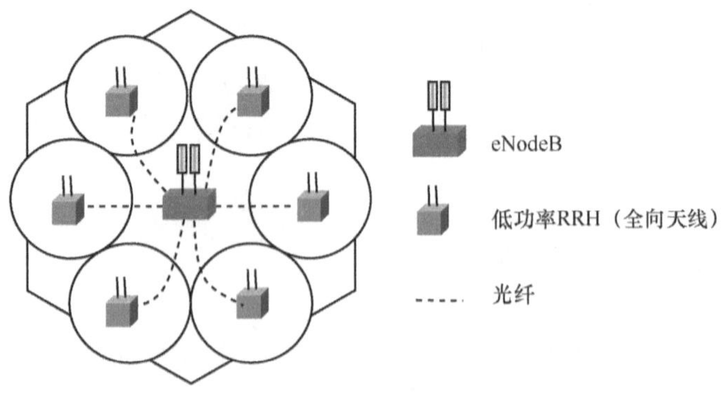

图 4-1　应用场景 1

（2）应用场景 2

该场景对应于 LTE Release 12 Small cell 研究中的场景 1，其中 CoMP 协作小区由一个宏基站和多个微基站组成，两者使用相同频率，宏基站与微基站之间以及不同微基站之间均使用非理想回传，如图 4-2 所示。

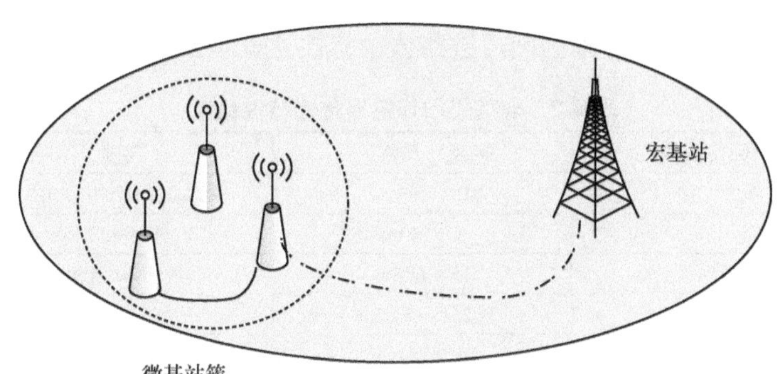

图 4-2　应用场景 2

（3）应用场景 3

该场景对应于 LTE Release 12 Small cell 研究中的场景 2a，其中宏基站和微基站之间采用异频传输，CoMP 协作小区由多个微基站组成，宏基站与微基站之间以及不同微基站之间均使用非理想回传，如图 4-3 所示。

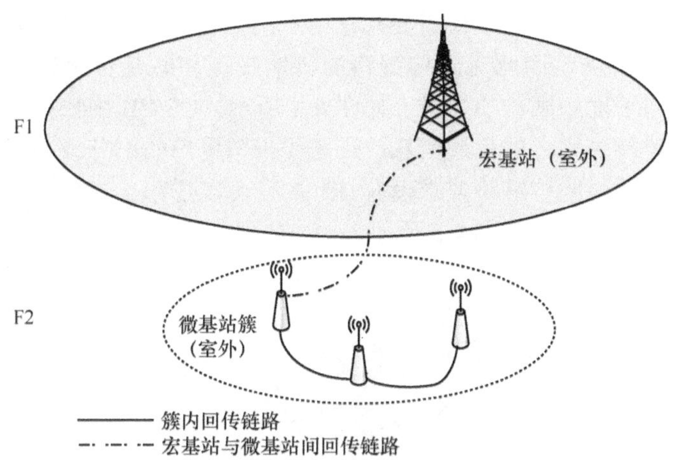

图 4-3　应用场景 3

几种典型的非理想回传链路传输特性见表 4-2[10]。

表 4-2　非理想回传链路传输特性比较

回传技术	时延（单程）	速率
光纤接入 1	10～30 ms	10 Mbit/s～10 Gbit/s
光纤接入 2	5～10 ms	100～1 000 Mbit/s
DSL	15～60 ms	10～100 Mbit/s
电缆	25～35 ms	10～100 Mbit/s
无线回传	5～35 ms	一般 10～100 Mbit/s

从技术原理上，CoMP 可分为两大类：JP（Joint Processing，联合处理）和 CS（Coordinated Scheduling，协作调度）/CB（Coordinated Beamforming，波束成形）。两者的主要差别在于 JP 中同一用户的信号由多个协作小区进行收发（可以同时或不同时），CS/CB 中同一 UE 的信号仍由该用户原服务小区进行收发，协作小区在调度上或者波束上进行干扰规避。

下行 JP 包括 JT（Joint Transmission，联合传输）和 DPS（Dynamic Point Selection，动态节点选择），其中 JT 还包括相干 JT 和非相干 JT，上行 JP 一般特指 JR（Joint Reception，联合接收）。JP 技术实现的条件是协作小区不仅需要共享用户的信道信息，而且需要共享用户数据信息，因此对回传链路的传输带宽和时延都有较高的要求，适用于理想回传的场景，如图 4-4 所示。CS/CB 中协作小区之间不需要共享用户的信道信息，只需要传递用户的部分或完全信道信息，因此对回传链路要求没有 JP 高，可以适用于理想回传和非理想回传的场景，如图 4-5 所示。

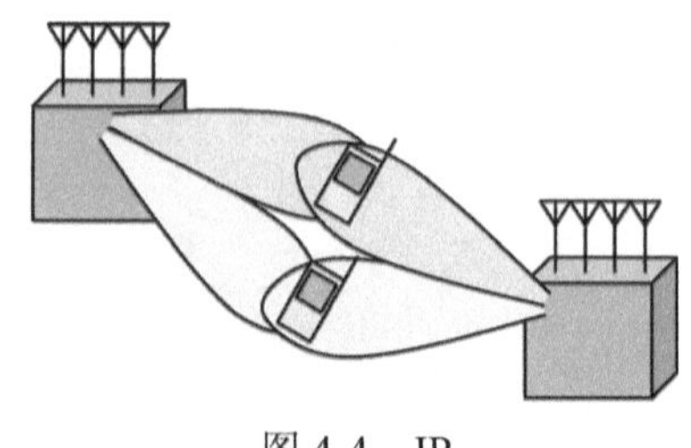

图 4-4　JP

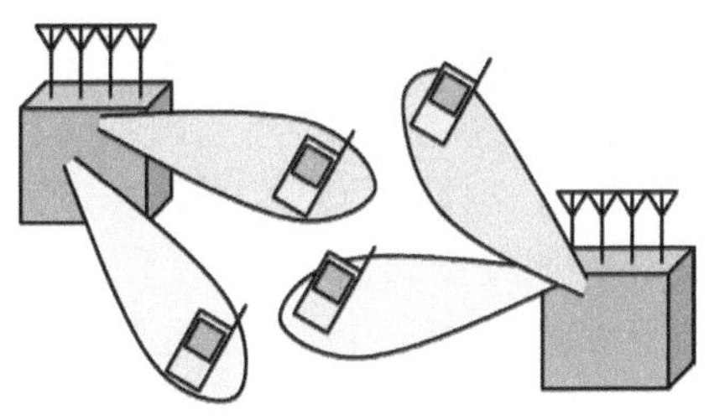

图 4-5　CS/CB

CoMP 技术与回传条件的对应关系见表 4-3。

表 4-3　CoMP 技术与回传条件的对应关系

	理想回传	非理想回传
下行	JP：包括 JT 和 DPS	CS/CB
上行	JP：特指 JR	

4.1.2　时域干扰协调

1. 增强的小区间干扰协调技术

增强的小区间干扰协调技术（enhanced Inter-cell Interference Coordination，eICIC）通过配置 ABS（Almost Blank Subframe，几乎空白子帧）来避免对被干扰小区用户的 PDCCH（Physical Downlink Control Channel，物理下行控制信道）以及 PDSCH（Physical Downlink Shared Channel，物理下行共享信道）的干扰，从而提高被干扰小区用户的 SINR（Signal to Interference Plus Noise Ratio，信号干扰加噪声比）。

（1）CRE 与 ABS 的定义

在 LTE Release 10 针对 eICIC 的讨论时，重点集中在 HetNet，主要是指在宏覆盖小区中放置低功率节点，例如：RRU/RRH、Pico、Femto、Relay 等获得小区分裂增益。为避免传统小区检测方法引起的 LPN 覆盖范围较小、使用效率较低的问题，LTE Release 10 引入了 CRE（Cell Range Expansion，小区范围扩展），通过小区扩展，即在对 LPN

进行小区选择时，添加 CRE 偏移值获得更多的小区分裂增益。

采用 CRE 之后接入 LPN 的用户会受到来自宏基站的强干扰，因此可以采用时域干扰协调技术控制 LPN 边缘用户的干扰问题。具体方法如下：在异构网络中，将干扰小区（例如宏基站小区）的一个或多个子帧配置为 ABS，被干扰小区（例如微基站小区）在 ABS 子帧上为小区边缘用户提供服务，使被干扰小区的用户只能够在干扰小区配置 ABS 的子帧上进行 PDCCH 译码和 PDSCH 解调，从而规避干扰小区的主要干扰，提升被干扰小区边缘用户的性能。

考虑与 LTE Release 8/9 的后向兼容性，ABS 子帧仍需携带 Release 8/9 终端与网络连接所必需的一些最基本的信号或者信道，例如 CRS（Common Reference Signal，公共参考信号）在每个单播子帧都必须全带宽发送。对于 PSS（Primary Synchronization Signal，主同步信号）、SSS（Secondary Synchronization Signal，辅同步信号）、PBCH（Physical Broadcast Channel，物理广播信道）、SIB1、寻呼信道和 PRS（Positioning Reference Signal，定位参考信号）等，当正好配置在 ABS 子帧上时，也必须发送。

（2）ABS 适用典型场景与信息交互

按照异构节点间信息交互方式，eICIC 研究场景分为如下两类[11,12]。

- 宏基站—微基站（Macro-Pico）场景。

对 Macro-Pico 场景，微基站边缘用户受到来自宏基站的强干扰。宏基站与微基站间存在 X2 接口，ABS 子帧配置以使用位图图样（Bitmap Pattern）的形式通过 X2 接口从宏基站传递给微基站节点。图样的周期在 FDD 系统是 40 ms，在 TDD 系统的配置 1～5 是 20 ms，TDD 系统的配置 0 是 70 ms，TDD 系统的配置 6 是 60 ms。ABS 图样是半静态配置的，更新的周期小于或者等于 X2 接口中的 RNTP（Relative Narrowband Transmission Power，相对窄带发射功率）。有两个位图图样需要交互，其中第一个位图指示哪些子帧是 ABS，第二个位图是第一个位图的子集，主要是指示在第一个位图中哪些子帧长期都是 ABS 的子帧，这种 ABS 配置方式用于限制

RLM（Radio Link Monitor，无线链路监控）/RRM（Radio Resource Management，无线资源管理）。ABS 位图是基于事件触发的。图 4-6 所示的是一个 Macro-Pico 场景的例子，图中 ABS 配置是 5/10，即 10 个子帧中有 5 个子帧配置为 ABS 子帧。

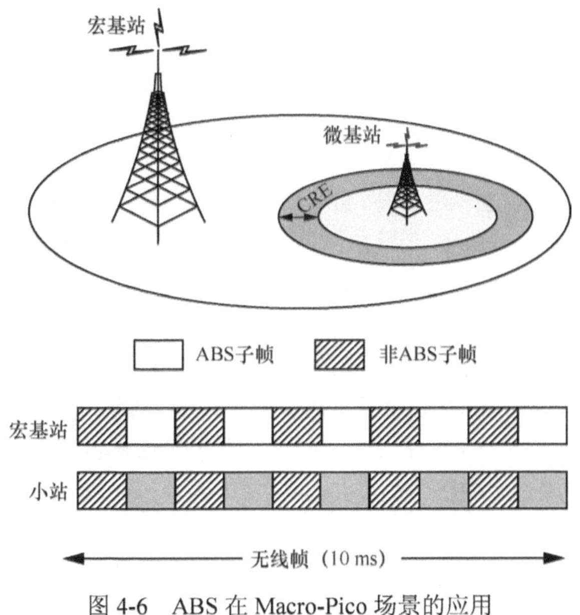

图 4-6　ABS 在 Macro-Pico 场景的应用

ABS 子帧配置的是下行子帧，同时也隐含上行的子帧配置，如图 4-7 所示，宏基站将子帧 1、3、5、7、9 配置成 ABS，根据 FDD 中的上行授权（UL grant）和相应的 PUSCH 的 $k+4$ 的定时关系，以及 PUSCH 和相应的下行 PHICH（Physical Hybrid ARQ Indicator Channel，物理混合自动重传指示信道）的 $k+4$ 的定时关系，宏基站将不在上行子帧 1、3、5、7、9 承载 PUSCH 或者发送 ACK（Acknowledgement，肯定应答）/NACK（Negative Acknowledgement，否定应答），这些上行子帧实际上就是"上行 ABS"，无形当中降低了宏基站小区用户的上行发射对微基站节点的干扰，使得微基站用户可以更顺畅地与微基站节点进行上行业务传输。

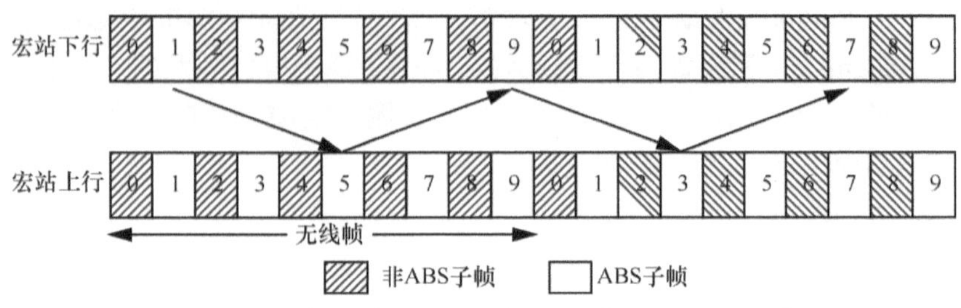

图 4-7　ABS 的子帧配置和上/下行子帧资源，FDD 系统

- 宏基站—家庭基站（Macro-Femto）场景。

Femto 节点是家庭基站，此时通过配置 ABS 来保护干扰的受害者。例如在 Macro-Pico 场景是微基站节点下的终端，在 Macro-Femto 场景中，由于 Femto 是非运营商规划安装的微基站，其安装部署具有不确定性，因此干扰的受害者是宏基站的终端，尤其是处于宏基站和低功率节点覆盖相互重叠的区域。因为 Femto 节点不支持 X2 接口，Femto 使用 ABS 位图图样以 OAM 的方式由核心网对 Femto 进行配置。所以一个 Femto 节点的位图图样基本上是静态不变的。

（3）对 RLM/RRM 产生的影响

eICIC 技术的引入，带来了宏基站与 LPN 间的负载均衡，提升小区边缘用户吞吐量的同时也带来了对测量上报和信道信息反馈的挑战。

LTE 在传输模式 1～模式 7 中，终端采用 CRS 进行信道估计；在传输模式 8 和模式 9 中，PDCCH 和 PBCH 采用传输分集模式传输，仍然使用 CRS 来进行信道估计，而 PDSCH 主要依靠 CSI-RS 进行信道估计。除此之外，CRS 还用于用户测量上报决定小区重选和切换。

采用 eICIC 技术使得不同子帧上参考信号（例如 CRS 或 CSI-RS）受到的干扰波动更大，这将对 LTE Release 8 中 RLM 和 RRM 带来很大的影响，涉及 RSRP（Reference Signal Receiving Power，参考信号接收功率）/RSRQ（Reference Signal Received Quality，参考信号接收质量）等关键的测量对象。

RLM 主要是指用户对无线链路质量进行监控。当链路质量在预设时间窗内比门限值 Q_{out} 低时，用户进入失步状态（Out-of-Sync）并反馈给基站；当链路质量在预设时间窗内比门限值 Q_{in} 低时，用户进入同步状态（In-of-Sync）并反馈给基站。在 LTE Release 8 中，RLM 设计假设干扰在不同子帧上的变化是平稳的。而引入 eICIC 技术后，LPN 用户在 ABS 与非 ABS 子帧上受到的干扰差别很大，为了准确反映子帧的干扰情况，基站通过 "RRCConnectionReconfiguration" 消息将测量用的子帧的图样通知终端，对终端测量的子帧加以限制。

RSRP 根据小区公共参考信号进行测量，ABS 的设定造成不同子帧上干扰的变化会对测量结果的准确性造成影响。因此，为了保证 RSRP 测量准确性，需要对 RSRP 测量的子帧进行限制。为保证测量精度，对测量小区配置的时域资源限制应当保证一个射频帧（10 ms）内至少有一个子帧能用于测量。除此之外，RSRQ 是 RSRP 与 RSSI（Received Signal Strength Indication，接收的信号强度指示）的比值，也需要限制在规定的子帧中测量。

RRM 旨在有限带宽条件下，为网络内的无线用户终端提供无缝连接和业务可靠传输，并灵活分配和动态调整无线传输资源，最大程度地提高无线频谱利用率，防止网络拥塞。与 RLM、RSRP 和 RSRQ 一样，基站需要通过 "RRCConnectionReconfiguration" 消息告知终端在哪些子帧上测量 CSI（CQI、PMI、RI），然后进行反馈。

（4）eICIC 下系统性能

为了更真实地模拟 eICIC 性能，eICIC 采用 CRE+ABS 的同时，需要在 ABS 中模拟宏基站发射的 CRS 对微基站小区中 PDSCH 所带来的干扰。表 4-4 是根据 3GPP Model 1 在 Hetnet Configuration 1 场景下的 eICIC 技术系统性能比较[13]。表 4-5 是接入用户比例及 ABS 子帧配置比例。从表 4-4 可以看出，不采用 CRE 时，很大一部分用户将接入宏基站，随着 CRE 的增加，宏微之前负载均衡效果明显，微基站用户接入比例逐渐升高。表 4-5 仿真结果可以看出，Release 10 的接收机在 6 dB CRE 偏移值的时候能够获得最大小区平均频谱效率增益，在 12 dB CRE 偏移值时能够在小区边缘获得更好的性能增益。即当 CRE 偏移值较大时，CRS 对 PDSCH 的干扰会大幅降低小区边缘用户的性能。

表 4-4　3GPP Model 1 在 Hetnet Configuration 1
场景下 eICIC 技术系统性能比较

CRE 偏移值	无 eICIC	eICIC		
	0 dB	6 dB	12 dB	18 dB
小区平均频谱效率增益	0	1.32%	−2.16%	−8.16%
小区边缘频谱效率增益	0	17.86%	32.14%	−3.57%
50%用户吞吐量增益	0	23.33%	35.56%	32.22%
95%用户吞吐量增益	0	−13.54%	−22.87%	−29.05%

表 4-5　3GPP Model 1 在 Hetnet Configuration 1
场景下用户接入比例与 ABS 子帧配置比例

CRE 偏移值	宏基站用户接入比例	微基站用户接入比例	ABS 比例
0 dB	80.21%	19.79%	0
6 dB	64.65%	35.35%	1/5
12 dB	46.48%	53.52%	2/5
18 dB	29.92%	70.08%	3/5

从上述分析可以看出，eICIC 并未彻底解决 CRS 的干扰和弱小区信号的检测等问题，因此 3GPP 在 Release 11 中继续对增强的 eICIC 技术进行研究。

2.　FeICIC

为解决 eICIC 技术中 CRS 的干扰和弱小区信号的检测等遗留问题，LTE 在 Release 11 中继续针对 FeICIC（Further eICIC）进行研究和标准化工作[14]。FeICIC 主要关注在 Macro-Pico 场景使用较大的 RSRP 偏置，FeICIC 所考虑的 RSRP 偏置在 9 dB 或者更高[12]。

（1）CRS 干扰消除

从 eICIC 的仿真结果（见表 4-4）可以看出，在 CRE 偏置较大的场景下，配置 ABS 子帧后残留 CRS 干扰问题不可忽略。CRS 的干扰可以分两种情况。

① CRS 非直接对撞（Non-CRS-Colliding）情形：干扰小区的 CRS 与被干扰小区子帧上的非 CRS 位置上的资源单元相撞，主要影响终端的 PDSCH 和 PDCCH 等的解调。

② CRS 直接对撞（CRS-Colliding）情形：干扰小区 ABS 子帧上的 CRS 资源单元与被干扰小区子帧上的 CRS 资源单元完全重合，同时影响终端的 PDSCH/PDCCH 等的解调和 CSI 的测量。

CRS 的干扰消除可以在发射端进行，即被干扰小区将 PDSCH/PDCCH 上对应干扰小区发送 CRS 位置的数据资源单元打掉不发送。这种方法的优点是干扰消除的效果较好，但也存在一系列缺点，例如仅适用于 CRS 非直接对撞的情形，并且需要通过辅助信令将静默不发的资源单元的具体时频位置告知终端，才可以进行发射端的速率匹配。对于 PDSCH，协议的影响不是很大。但是对于 PDCCH，需要对协议进行较大的改动才能够保证速率匹配的合理进行，例如 REG（Resource Element Group，资源组）需要重新定义，相关的标准工作量较大。而 PDCCH 的增强专门在 Release 11 中 ePDCCH（增强 PDCCH）研究和标准化，同频异构小区是其中一种应用场景。

CRS 的干扰消除在接收端的解决方法有两种。

- 使用先进的接收机进行干扰消除。

高端的终端可以配备增强型接收机，通过复杂度高的算法来消除 CRS 的干扰，对 CRS 非直接对撞情形和 CRS 直接对撞情形都适用。

对于 CRS 直接对撞情形，一般情况下，终端无法获知相邻小区是否配置为 ABS，如果盲目进行干扰消除操作，有可能造成 RLM 测量和 CSI 反馈的不准确，因此需要基站辅助信令告知终端需要进行干扰消除操作的小区列表信息，包括小区 ID、CRS 天线端口、CRS 发送子帧等信息。

- 打掉受 CRS 干扰的资源单元。

当受干扰的终端检测到某些资源单元受到相邻小区 CRS 干扰较大时，便丢弃这些承载数据的资源单元而不进行译码。其优点是后向兼容 LTE Release 8/9/10 的终端，但缺点是只适用于 CRS 非直接对撞的情形，而且性能也不理想。

（2）PSS/SSS 的干扰处理

如果 ABS 子帧上存在 PSS/SSS，则同步序列需要正常发送，并且无论 FDD 系统还是 TDD 系统，同步序列的位置都是固定的。在 FDD 系统中，位于每个 10 ms 无线帧中的#0 和#5 子帧（时隙#0 和#10）的最后一个符号和倒数第二个符号，占中间 6 个资源块；在 TDD 系统，位于每个 10 ms 无线帧中的#1 和#6 子帧第 3 个符号，占中间 6 个资源块；不考虑同步偏差，则相同双工系统的干扰小区与被干扰小区的同步序列位置是相同的。如果在不引入干扰避免的情形下采用较高的 RSRP 偏置，则终端在 CRE 区域将受到干扰小区同步序列的严重干扰，导致用户无法检测到受干扰小区的存在，并进而影响在受干扰小区的移动控制操作。

通过平移子帧，可以避免干扰小区与被干扰小区间 PSS/SSS 的冲突问题。这种方法仅限于 FDD 系统，不适用于 TDD 系统，因为 TDD 系统中相邻小区间不对齐，会产生上下行串行干扰问题。

基站侧的辅助信令可以简化用户发现受干扰小区操作的实现，例如当用户可以从服务基站获取需要上报的受干扰小区列表（Cell ID 等），则可以避免错误上报问题，这在 Release 10 信令已经可以解决。

另外，高版本的终端增强型接收机可通过高复杂度的算法消除来自干扰小区的 PSS/SSS 干扰。

（3）MIB/SIB1 的干扰处理

因为 PBCH/SIB1 的位置都是固定的，MIB/SIB1 的干扰问题与 PSS/SSS 的类似，所以子帧平移也可以在 FDD 系统中采用（但不适用于 TDD 系统）。

另外，高层信令辅助可以同时解决 FDD 系统和 TDD 系统的 MIB/SIB1 的干扰，即在受保护资源上，受干扰小区可以通过 RRC 信令将 MIB/SIB1 信息发送给受干扰的用户。

高版本的终端增强型接收机可通过高复杂度的算法消除来自干扰小区的 MIB/SIB1 干扰。

除此之外，在 FeICIC 的标准化讨论中针对 LP（Low Power，低功率）-ABS 也进行了激烈的讨论，但是由于在引入功率分配参数方面未达成一致，最终 LP-ABS 未被纳入 LTE Release 11 中[15]。

3. 动态小区开关

小区开关是一种有效的干扰抑制的方法。在异构网中，通过小区开关，将空负载或低负载的小区关闭，从而降低小区间的干扰；当小区有负载需求时，开启该小区，为用户提供服务。当小区处于关闭状态，该小区不发送任何信号，包括公共参考信号 CRS。

LTE Release 8-11 可支持基于切换的小区开关，典型的时延为几百毫秒至几秒。当小区开关的转换时间较少时（如低于 40 ms），动态小区开关可以提高整个系统的容量，并且转换时间越少，容量提升越大。LTE Release 12 提出了采用发现信号（Discover Signal，DRS）的动态小区开关，小区在关闭时只发送 DRS。根据实现方法，可分为 3 种应用场景：基于切换的动态小区开关、基于载波聚合的动态小区开关和基于双连接的动态小区开关。基于切换的动态小区开关的流程如图 4-8 所示。

为了尽可能地提升系统容量，需要将小区开关时间控制在 40 ms 以下。在以上 3 种场景中，基于载波聚合的动态小区开关所需要的转换时间最少。如果用户的能力支持载波聚合，用户可以支持基于载波聚合的动态小区开关。在该场景中，通过理想回传相连的宏基站和微基站或微基站和微基站可支持载波聚合。其中宏基站小区或微基站小区为 PCell（Primary Cell，主小区），微基站小区为 SCell（Secondary Cell，辅小区）。处于关闭状态的微基站小区发送 DRS，用户可以对该微基站小区进行基于 DRS 的 RRM 测量。PCell 根据用户的测量汇报快速决定是否需要激活该微基站小区。微基站小区的激活/去激活（开启/关闭）可通过 MAC（Media Access Control，介质访问控制）层信令实现，转换时间是 20～30 ms。如果通过物理层信令，如 PDCCH 或 ePDCCH，控制微基站小区的开关，转换时间可进一步降低，使用物理层控制信令，微基站小区开关的转换时间可降低到 10 ms 以下。在该方法中，所有用户都需具备载波聚合的能力，如果微基站小区中存在不支持载波聚合能力的用户，微基站小区开关需通过切换来实现，于是转换时间由不支持载波聚合能力的用户决定。或者工作在基于载波聚合的动态小区开关的微基站小区禁止不支持载波聚合能力的用户接入，这些用户都连接到其他小区。

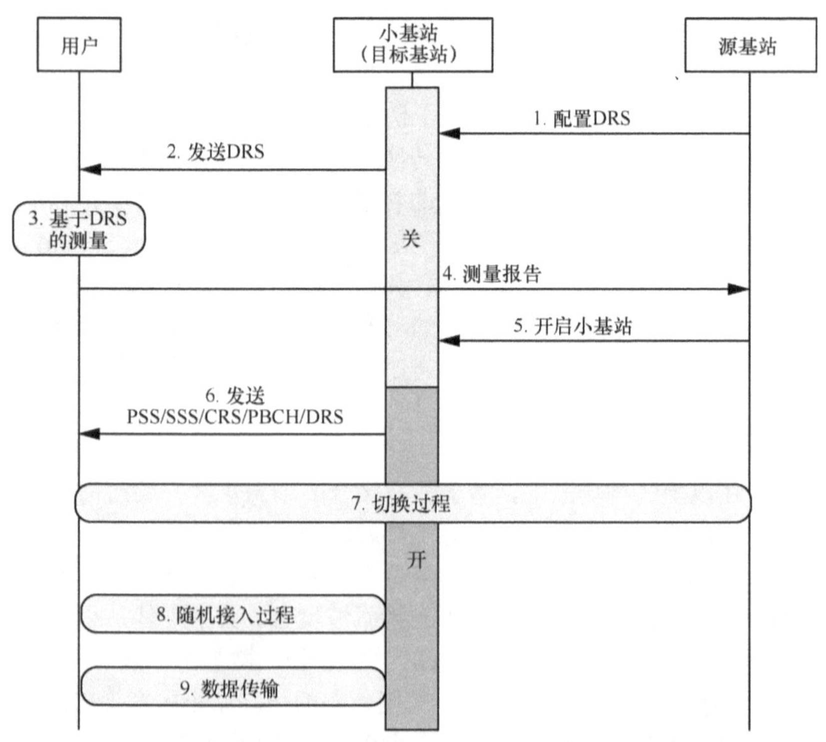

图 4-8　基于切换的动态小区开关流程

基于载波聚合的动态小区开关流程如图 4-9 所示。具体步骤如下。

步骤 1：PCell 配置 SCell 的 DRS 图案和周期。

步骤 2：PCell 通过 RRC 信令将 SCell 的图案和周期通知用户。这些信息有助于用户检测 DRS。

步骤 3：SCell 按照 PCell 的配置发送 DRS，不发送任何其他信号。

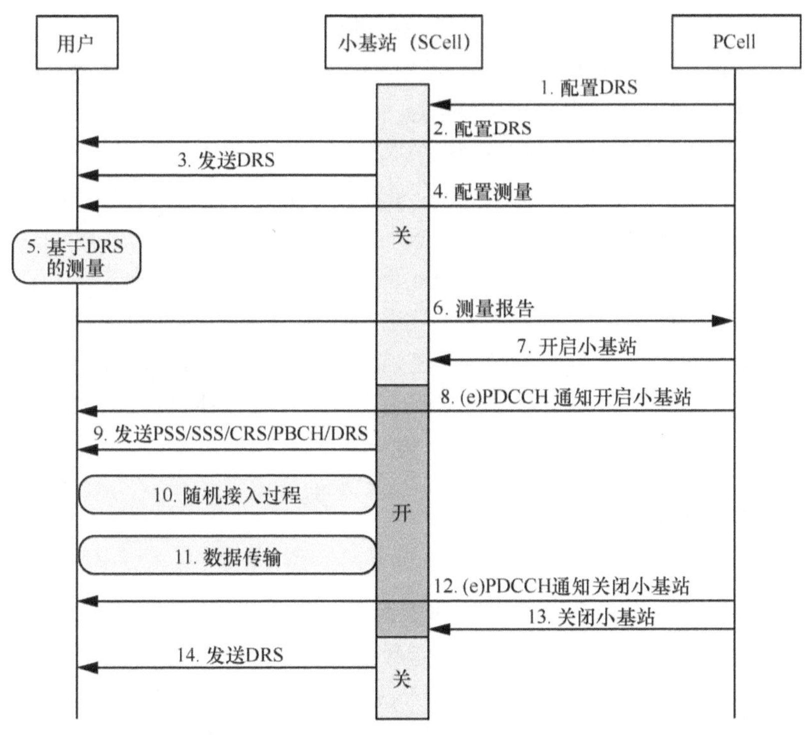

图 4-9　基于载波聚合的动态小区开关流程

步骤 4：PCell 为用户配置基于 DRS 的测量对象。

步骤 5：用户通过 PCell 的辅助信息对 SCell 进行基于 DRS 的 RRM 测量。

步骤 6：用户将基于 DRS 的测量结果汇报给 PCell。

步骤 7：PCell 收到用户的测量报告后，向 SCell 发送激活信令开启 SCell。

步骤 8：PCell 通过物理层信令（e）PDCCH 通知用户 SCell 已被开启。

步骤 9：SCell 发送常规信号，如 PSS、SSS、CRS、PBCH，仍可以发送 DRS。

步骤 10：用户向 SCell 发起随机接入，请求上行同步。

步骤 11：用户和 SCell 进行数据传输。

步骤 12：如果网络需要关闭 SCell，PCell 通过物理层信令（e）PDCCH 通知用户 SCell 即将关闭。

步骤 13：PCell 向 SCell 发送去激活信令关闭 SCell。

步骤 14：SCell 按照 PCell 的配置发送 DRS（和步骤 3 相同）。

3GPP TR36.872[7]总结了动态小区开关在不同转换时间时的性能。在理想情况下，即假设动态小区开关可基于子帧级别实现。在分组产生的时刻（子帧），小区可当前子帧实现开启，而在分组完成传输的时刻（子帧），小区可在当前子帧实现关闭。在理想情况下，基于子帧级别的动态小区开关在网络中低负载时可获得较大的系统吞吐量提升，增益是 20%～50%。

4.1.3　频域干扰协调

在蜂窝网络中合理复用频率资源，对于降低小区间的同频干扰至关重要。目前 LTE 系统中基于频率复用的干扰协调技术分为静态频率复用方法和动态频率复用方法两大类。静态频率复用方法复杂度低，网络信令开销少，在工程中容易实现。动态频率复用方法可以根据干扰大小，网络负载大小，网络覆盖范围大小以及用户对速率的要求等条件动态修改频率复用的方法。相对于静态频率复用方法，动态频率复用方法可以有效提高系统性能，同时频谱利用率也比静态频率复用方法高，但是动态频率复用方法通常需要增加开销以及额外的协议支持，网络会变得复杂，对基站和终端的处理能力有较高的要求。

静态频率复用方法从蜂窝通信网建立之初就在使用，一直在不断地发展。该方法一般使用频率复用因子的参数来评价。频率复用因子的定义是网络中相同频率可以使用的比例。频率复用因子越大代表频率利用效率越低，反之代表频谱利用效率越高。

动态频率复用方法通常是在小区内灵活配置频率资源来实现干扰抑制。通过基站与基站之间的负载情况、干扰情况、用户服务质量需求等参数的交互来动态调整频率资源。其中，软频率复用是受到广泛关注的方法之一，该方法把用户划分为小区中心用户和小区边缘用户，同时将可以使用的频带也分成两类，一类给小区中心用户使用，另外一类给小区边缘用户使用，而且中心频带和边缘频带可以动态调整，从而实现系统性能和频率利用率之间的平衡。

在超密集组网场景下，接入点部署更加密集，接入站点间的干扰更加严重，而且干扰源小区数目更多。另外由于小区覆盖变小，用户数目少，小区负荷和对应的干扰变化更加剧烈。与多小区协作技术不同，频域协调技术只需要 AP（Access Point，访问节点）之间交换有限的控制信息。当 AP 之间没有理想回传条件时，频域协调技术更具有可实现性。

频域协调包括载波内协调（例如 ICIC（Inter-cell Interference Coordination））和载波间协调（例如异频分簇）。在 LTE Rel-8/Rel-9，ICIC 技术主要解决同频部署场景的干扰问题，通过基站与邻基站发送负荷信息消息来进行相邻小区的负荷和干扰协调信息的交互。异频分簇可以采用基于图划分簇的频域协调方法，如图 4-10 所示。

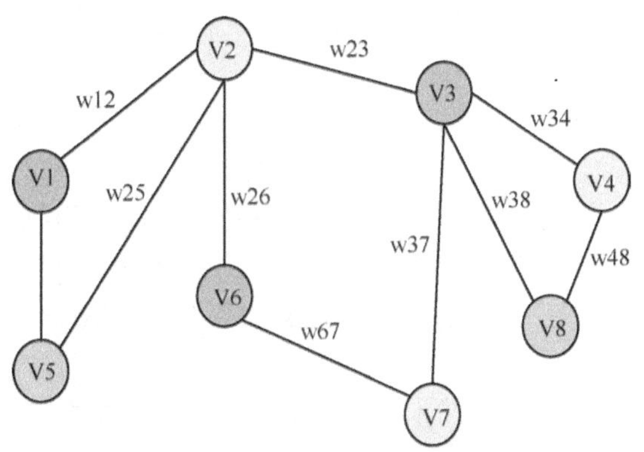

图 4-10　权值干扰图

每两个节点之间构成边界且边界上有表示两个节点之间干扰强度的权值，干扰权值可以根据需要自行设置体现两个干扰节点之间的干扰关系，比如图 4-10 中 v1 与 v2 之间干扰，$t(v1,v2)$为 v2 对

v1 覆盖范围的所有 UE 的干扰 $G(v2)$、$P(v2)$ 之和，这里 $P(v2)$ 为 v2 在与 v1 同一子信道上的功率，$G(v2)$ 为 v2 与 v1 里的 UE 的信道增益。

每两个节点根据之间的干扰权值进行划分进簇，划分时可以假定所有节点都单独为一个簇，根据需要可以设定系统簇的总个数，节点之间干扰权值最小 2 节点（即两个簇）合并为一个簇，同时计算合并后的簇里所有节点与其他簇里所有节点之间干扰权值，最小的两个簇再次合并为一个大簇，这样依次划分直到所有节点都合并到不同簇里。簇形成后每个簇内的节点之间干扰较少，可以使用相同的频点，不同簇使用不同的频点。

在 UDN 不同的适用场景中，采用异频分簇的频域协调技术，可以最大限度利用相对较宽的可用频段，从而提高吞吐量等系统性能。UDN 中的频域协调技术需要考虑回传的情况，非理想回传下由于控制信令交互受限，可以采用分布式频域协调或者半静态频域协调；理想回传下支持较多的信令交互，甚至传输数据，可以采用集中式频域协调以及动态频域协调。

UDN 中的频域协调技术包括以下几个方面。

（1）邻区测量

AP 对周围的节点进行测量或读取广播消息，测量的内容包括相邻节点的工作频点和带宽、位置信息、静止或移动状态等。AP 在自己能力范围内，通过相邻节点的参考信号进行测量量的测量，获得相应的测量结果（如信号强度、信号质量等），也可以通过读相邻节点的广播消息，获得它们的基本信息。通过测量和广播信息构建环境信息地图，包括节点间的相对位置、邻区关系、频谱使用情况等。分布式频域协调下，AP 将邻区信息进行存储；集中式频域协调下，AP 将邻区信息上报给集中节点。

（2）频域协调条件

首先，新接入 AP 需要进行初始小区频域协调。分布式频域协调下，新接入 AP 选择适合自己的工作频点带宽，以降低受到的邻区干扰；集中式频域协调下，集中节点为新接入 AP 选择适合自己的工作频点带宽，以降低受到的邻区干扰。

其次，工作 AP 需要进行小区频率域协调。分布式频域协调下，工作 AP 请求改变工作频点带宽，一般是因为 AP 确定后续有当前带宽不能满足的大业务量需求，需要增加带宽、调整中心频点等；集中式频域协调下，集中节点发现 AP 当前负荷大于门限，为 AP 增加带宽、调整中心频点等，以达到更好的系统性能。

（3）邻区干扰计算

AP 或者集中节点根据邻区信息中工作 AP 的频点和带宽、RSRP 测量值、负荷等，计算在允许的工作频段内的邻区干扰。可以将允许的工作频段按照资源管理粒度 R_{seg} 划分，计算每个 R_{seg} 上的干扰系数或者优先级系数。

（4）频域协调原则

AP 或集中节点可以根据邻区干扰值进行排序，选择邻区干扰最小、优先级最高的工作频率。也可以和周围 AP 进行信息交互，包括基站能力、支持的频点和带宽等，根据交互的信息选择工作频率。

异频分簇的频域协调方法，将干扰较小的小区分在一个簇内，干扰较大的小区分在不同的簇；簇内的 AP 使用相同的工作频点，簇间的 AP 使用不同的工作频点。

（5）工作流程

图 4-11 为分布式频域协调工作流程。

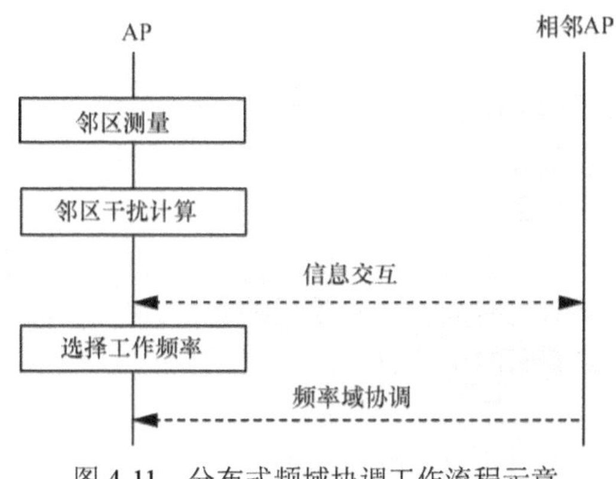

图 4-11　分布式频域协调工作流程示意

图 4-12 为集中式频域协调工作流程。

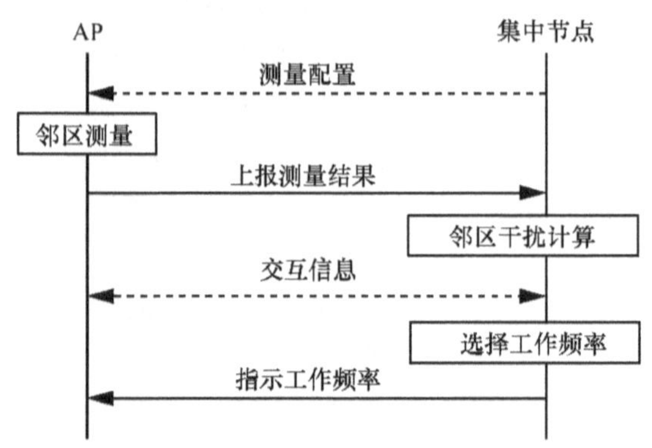

图 4-12　集中式频域协调工作流程示意

异频分簇的频域协调算法包括：分布式异频分簇算法和集中式异频分簇算法。分布式异频分簇算法指的是，小站开机后进行邻区测量，类似 UE，通过测量结果（如 RSRP、RSRQ、SINR 等）选择干扰最小的频点工作。集中式异频分簇算法指的是，集中节点进行全局优化，为小站选择干扰最小的频点工作，包括基于干扰最小分簇和优化分簇算法。

4.2　基于终端侧的干扰管理

UDN 通过在蜂窝热点地区增加低功率站点的部署密度，提升系统容量和网络覆盖。一方面，当相邻基站同频率部署时，小区间干扰对系统性能有非常显著的影响；特别对于超密集组网，多个微基站的高密度部署，会带来更为严峻的小区间干扰。另一方面，MIMO 多流数据的同时同频传输是提高用户数据速率的有效手段，而用户多个数据流间的干扰也制约着 MIMO 复用技术带来的实际性能增益。

为了降低小区间和数据流间的干扰，3GPP LTE-Advanced 系统研究并引入了多项基于发送端干扰协调的技术。同时，随着产业界基带处理能力的不断提升，从 LTE Release 11 开始，基于下行终端侧的干扰管理，即终端干扰处理接收机的演进与增强，发挥着越来越重要的作用。终端侧的先进接收机能够在接收侧抑制或删除下行信道的干扰，是提高系统吞吐量性能的有效手段。考虑实际系统中信道信息的量化误差和反馈时延，接收端一般能够获得比发送端更加准确和实时的信道信息，因而在干扰处理方面存在一定的优势。LTE-Advanced Release 11 到 Release 13 中，在终端侧引入了以下数据信道干扰处理的先进接收机.

① 终端干扰抑制（Minimum Mean Square Error-Interference Rejection Combining，MMSE-IRC）接收机；

② 基于网络辅助的终端干扰抑制/删除 （Network-Assisted Interference Cancellation and Suppression，NAICS）接收机；

③ 终端内多个数据流间的干扰抑制/删除接收机（Interference Cancellation and Suppression Receiver for SU-MIMO）。

基于先进接收机的终端侧干扰管理如图 4-13 所示。

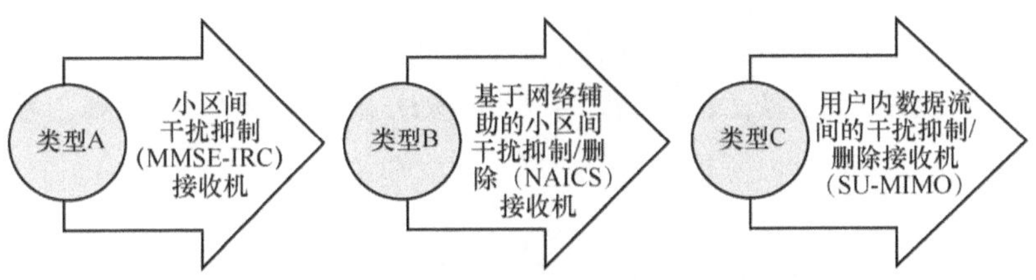

图 4-13 基于先进接收机的终端侧干扰管理

上述 3 种先进接收机及其增强，可以有效地用于超密集组网中的干扰管理。以下将对这 3 种接收机的原理、结构和性能增益进行详细介绍。

4.2.1 终端干扰抑制接收机

3GPP 在 LTE Release 11 开展了终端干扰抑制（MMSE-IRC）接

收机的相关研究[16]和性能指标定义工作[17]。在 LTE Release 8 到 Release 10 中，终端的基带解调性能指标是基于线性 MMSE 接收机来定义的，仅能抑制用户内的多个数据流间的干扰。相比之下，MMSE-IRC 接收机是在空域进行干扰处理的有力手段，它不仅能抑制用户内流间的干扰，还能抑制小区间干扰，如图 4-14 所示，从而提升下行小区边缘和小区平均的频谱效率。

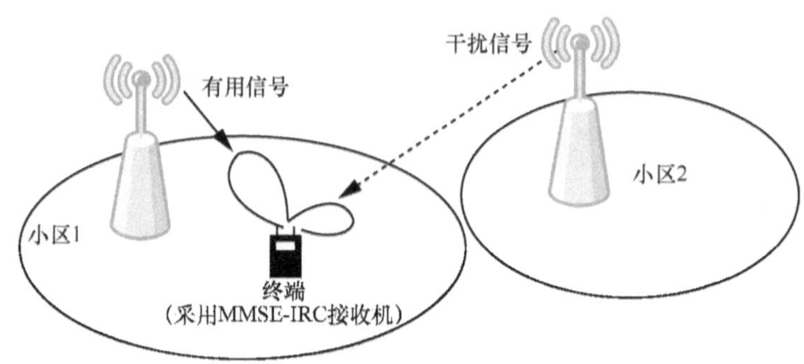

图 4-14　终端 MMSE-IRC 接收机示意

1. 接收机结构

$r(k,l)$ 为第 k 个子载波和第 l 个 OFDM 上的终端接收信号向量，其为有用信号 $\boldsymbol{H}_1(k,l)\boldsymbol{d}_1(k,l)$、干扰信号 $\boldsymbol{H}_j(k,l)\boldsymbol{d}_j(k,l)\,(j>1)$ 和白噪声 $\boldsymbol{n}(k,l)$ 之和，即

$$\boldsymbol{r}(k,l) = \boldsymbol{H}_1(k,l)\boldsymbol{d}_1(k,l) + \sum_{j=2}^{N_{\mathrm{BS}}} \boldsymbol{H}_j(k,l)\boldsymbol{d}_j(k,l) + \boldsymbol{n}(k,l) \qquad (4\text{-}1)$$

其中，$\boldsymbol{d}_j(k,l)$ 代表 $N_{\mathrm{TX}}\times 1$ 的发送信号向量，$\boldsymbol{H}_j(k,l), j = \{1,\cdots,N_{\mathrm{BS}}\}$ 为第 j 个小区到目标用户的 $N_{\mathrm{RX}}\times N_{\mathrm{TX}}$ 维信道矩阵。通过 $N_{\mathrm{Stream}}\times N_{\mathrm{RX}}$ 维的接收端加权矩阵 $\boldsymbol{W}_{\mathrm{RX},1}(k,l)$，可以在用户侧恢复出 $N_{\mathrm{Stream}} \times 1$ 维的信号向量，即

$$\hat{\boldsymbol{d}}_1(k,l) = \boldsymbol{W}_{\mathrm{RX},1}(k,l)\boldsymbol{r}(k,l) \qquad (4\text{-}2)$$

对于传统的 MMSE 接收机，其接收端加权矩阵可表示为

$$W_{\mathrm{RX},1}(k,l) = \hat{\boldsymbol{H}}_1^{\mathrm{H}}(k,l)\boldsymbol{R}^{-1}, \quad \boldsymbol{R} = P_1\hat{\boldsymbol{H}}_1(k,l)\boldsymbol{H}_1^{\mathrm{H}}(k,l) + \sigma^2\boldsymbol{I} \qquad (4\text{-}3)$$

其中，$\hat{\boldsymbol{H}}_1(k,l)$ 为接收端根据导频估计得到的信道矩阵；σ^2 为噪声功率；P_1 为服务小区的发送信号功率，即 $P_1 = E[|d_1(k,l)|^2]$。

对于增强的 MMSE-IRC 接收机，其接收端加权矩阵可表示为

$$W_{\mathrm{RX},1}(k,l) = \hat{\boldsymbol{H}}_1^{\mathrm{H}}(k,l)\boldsymbol{R}^{-1} \qquad (4\text{-}4)$$

其中，$\hat{\boldsymbol{H}}_1(k,l)$ 和 $\boldsymbol{R}$ 分别为接收端根据导频估计得到的信道矩阵和干扰协方差矩阵。若下行采用基于 CRS 的 MIMO 传输模式，则可在 CRS 所占的资源粒子上估计 $\boldsymbol{R}$，即

$$\boldsymbol{R} = P_1\hat{\boldsymbol{H}}_1(k,l)\,\hat{\boldsymbol{H}}_1^{\mathrm{H}}(k,l) + \frac{1}{N_{\mathrm{sp}}}\sum_{k,l\in CRS}\tilde{\boldsymbol{r}}(k,l)\tilde{\boldsymbol{r}}(k,l)^{\mathrm{H}} \qquad (4\text{-}5)$$

$$\tilde{\boldsymbol{r}}(k,l) = \boldsymbol{r}(k,l) - \hat{\boldsymbol{H}}_1(k,l)\boldsymbol{d}_1(k,l) \qquad (4\text{-}6)$$

类似地，若下行采用基于 DMRS 的 MIMO 传输模式，则可在 DMRS 所占的资源粒子上估计 $\boldsymbol{R}$，即

$$\boldsymbol{R} = P_1\hat{\boldsymbol{H}}_1(k,l)\,\hat{\boldsymbol{H}}_1^{\mathrm{H}}(k,l) + \frac{1}{N_{\mathrm{sp}}}\sum_{k,l\in DM-RS}\tilde{\boldsymbol{r}}(k,l)\tilde{\boldsymbol{r}}(k,l)^{\mathrm{H}} \qquad (4\text{-}7)$$

$$\tilde{\boldsymbol{r}}(k,l) = \boldsymbol{r}(k,l) - \hat{\boldsymbol{H}}_1(k,l)\boldsymbol{d}_1(k,l) \qquad (4\text{-}8)$$

其中，N_{sp} 代表导频所占的资源粒子数目。

2. 系统级性能增益

本节通过系统级仿真评估和分析终端 MMSE-IRC 带来的性能增益。

（1）MMSE-IRC 接收机建模

为在系统级更加实时准确地建模 MMSE-IRC 接收机，应该使用恰当的方法来模拟系统级仿真中的干扰协方差矩阵估计，并体现实际协方差估计带来的误差。空间协方差矩阵可以表示为

$$\hat{\boldsymbol{R}} = \frac{1}{M}\sum_{m=1}^{M}[\boldsymbol{y}_m\boldsymbol{y}_m^{\mathrm{H}}] \qquad (4\text{-}9)$$

其中，M 是用于做干扰协方差矩阵估计的导频或数据资源粒子样本

数量。

上述协方差矩阵能够近似为自由度为 M 的复 Wishart 分布。

$$\sum_{m=1}^{M} y_m y_m^{\mathrm{H}} \sim W_p(R, M) \tag{4-10}$$

其中，R 是理想的协方差矩阵。相应地，在系统仿真能够建模为

$$R \approx QAA^{\mathrm{H}}Q^{\mathrm{H}} \tag{4-11}$$

其中，$Q = Chol\{R\}$，即理想空间相关矩阵的 Cholesky 分解。下三角矩阵 A 根据复 Wishart 分布产生，为

$$A = \begin{bmatrix} \sqrt{c_1/2} & 0 & 0 & \cdots & 0 \\ n_{21} & \sqrt{c_2/2} & 0 & \cdots & 0 \\ n_{31} & n_{32} & \sqrt{c_3/2} & \cdots & 0 \\ \vdots & \vdots & \vdots & \ddots & \vdots \\ n_{N,1} & n_{N,2} & n_{N,3} & \cdots & \sqrt{c_N/2} \end{bmatrix} \tag{4-12}$$

其中，系数 c_i 服从 Chi-square 分布，即 $c_i \sim \chi^2(2 \times (M - i + 1))$，$n_{ij} \sim CN(0,1)$。

（2）系统级仿真参数

主要系统级仿真参数见表 4-6。此 3GPP Rel-11 研究立项，主要面向同构网络，因此表 4-6 的仿真参数也主要为同构网络。但 MMSE-IRC 接收机也可用于超密集网络中的小区间干扰抑制，其工作原理和接收机结构是类似的；只是超密集网络中的干扰强度不同，MMSE-IRC 接收机带来的增益水平有一定差异。

表 4-6　网络场景与系统级仿真参数

参数	取值
带宽	10 MHz
载波频率	2 GHz
蜂窝布局	六边形栅格，19 个站点，每站点 3 个扇区

（续表）

参数		取值	
站点间距		500 m	
路损		$L = 128.1 + 37.6\,\lg(R)$，R：km	
阴影标准差		8 dB	
阴影相关性	小区间	0.5	
	扇区间	1.0	
穿透损耗		20 dB	
天线模型	水平	$A_{\mathrm{H}}(j) = -\min\left[12\left(\dfrac{\varphi}{\varphi_{3\,\mathrm{dB}}}\right)^2,\ A_m\right]$ $\varphi_{3\,\mathrm{dB}} = 70°$，$A_m = 25\,\mathrm{dB}$	
	垂直	$A_{\mathrm{v}}(\theta) = -\min\left[12\left(\dfrac{\theta - \theta_{\mathrm{etilt}}}{\theta_{3\,\mathrm{dB}}}\right)^2,\ SLA_{\mathrm{v}}\right]$ $\theta_{3\,\mathrm{dB}} = 10°$，$SLA_{\mathrm{v}} = 20\,\mathrm{dB}$ 基站侧天线高度 32 m，终端侧天线高度 1.5 m	
		$\theta_{\mathrm{etilt}} = 15°$	$\theta_{\mathrm{etilt}} = 6°$
	3D 天线模型结合方法	$A(\varphi, \theta) = -\min\{-[A_{\mathrm{H}}(\varphi) + A_{\mathrm{v}}(\theta)],\ A_m\}$	
基站总发射功率		46 dBm	
终端与小区的最小距离		$\geqslant$ 35 m	
硬切换滞后		3 dB	
流量模型		Full Buffer 业务	

（3）系统级仿真结果

本节给出了典型场景的系统级仿真结果。在 3GPP 开展的研究项目中，有多家成员单位对终端 MMSE-IRC 接收机的性能增益进行了系统级仿真评估[18]。表 4-7 和表 4-8 列出了 3 种相关接收机的系统级对比仿真结果[19]，包括基准 MRC/MMSE 接收机、上述 Wishart 建模的 MMSE-IRC 接收机（考虑了实际干扰协方差估计的误差）、理想 MMSE-IRC 接收机（假设终端能获知理想的干扰协方差矩阵）。

表 4-7　下行 2 发 2 收、基于 CRS 的双流闭环 MIMO 的系统级仿真结果

	小区平均频谱效率 /bit·s^{-1}·Hz^{-1}·Sector^{-1}	5%-ile 小区边缘频谱效率 /bit·s^{-1}·Hz^{-1}·UE^{-1}	小区平均频谱效率增益	5%-ile 小区边缘频谱效率增益
MRC/MMSE 基准	1.959 9	0.051 2	0.00%	0.00%
基于 Wishart 建模的 MMSE-IRC 接收机	2.019 4	0.060 8	3.04%	18.75%
理想 MMSE-IRC 接收机	2.056 5	0.065 6	4.93%	28.13%

表 4-8　下行 4 发 2 收、基于 DMRS 的双流闭环 MIMO 的系统级仿真结果

	小区平均频谱效率 /bit·s^{-1}·Hz^{-1}·Sector^{-1}	5%-ile 小区边缘频谱效率 /bit·s^{-1}·Hz^{-1}·UE^{-1}	小区平均频谱效率增益	5%-ile 小区边缘频谱效率增益
MRC/MMSE 基准	1.889 3	0.058 9	0.00%	0.00%
基于 Wishart 建模的 MMSE-IRC 接收机	1.971 2	0.071 7	4.37%	21.74%
理想 MMSE-IRC 接收机	2.006 6	0.076 8	6.21%	30.43%

3. 链路级性能增益

（1）小区间干扰建模

以往的链路级仿真大多将干扰建模为白噪声，为了评估 MMSE-IRC 接收机的小区间干扰抑制能力，需要在链路级进行显性的干扰建模。因此，为理解实际场景中复杂的干扰环境，首先通过系统级仿真得到主干扰源的大尺度干扰水平。

本节定义了干扰模型，用于评估干扰抑制接收机的链路级性能，其中主干扰比重（Dominant Interference Proportion，DIP）将作为定义主干扰功率水平的静态衡量指标。

首先，定义终端的下行宽带 SINR（即 Geometry G）。

$$G = \frac{\hat{I}_{\text{or1}}}{I_{\text{oc}}} = \frac{\hat{I}_{\text{or1}}}{\sum_{j=2}^{N_{\text{BS}}} \hat{I}_{\text{or}j} + \sigma^2} \tag{4-13}$$

其中，$\hat{I}_{\mathrm{or}j}$ 是第 j 个强基站的平均接收功率（$\hat{I}_{\mathrm{or}1}$ 表示服务小区平均接收功率），σ^2 为接收带宽上的噪声功率，N_{BS} 为总的基站数目，包括服务小区。

在时间异步网络下，小区间干扰可分为同步干扰和异步干扰，分别指干扰小区与服务小区在时间上同步或异步。DIP 定义为某一目标干扰源功率与总干扰功率（含白噪声）的比值。因此，同步干扰和异步干扰的 DIP 比值分别表示为

$$DIP_i^s = \frac{\hat{I}_{\mathrm{or}(i+1)}^s}{I_{\mathrm{oc}}}, \quad DIP_i^a = \frac{\hat{I}_{\mathrm{or}i}^a}{I_{\mathrm{oc}}} \tag{4-14}$$

其中，$\hat{I}_{\mathrm{or}j}^s$、$\hat{I}_{\mathrm{or}j}^a$ 分别为第 j 个同步强干扰基站、异步强干扰基站的平均接收功率，σ^2 为接收带宽上的噪声功率，N_{BS} 为包括服务小区的总基站数目。I_{oc} 定义为

$$I_{\mathrm{oc}} = \sum_{j=2}^{N_s} \hat{I}_{\mathrm{or}j}^s + \sum_{j=1}^{N_a} \hat{I}_{\mathrm{or}j}^a + N \tag{4-15}$$

其中，$N_s + N_a = N_{\mathrm{BS}}$，即包括服务小区的基站总数。

注：服务小区功率 $\hat{I}_{\mathrm{or}1}^s$ 不用于 DIP 计算。

（2）链路级仿真参数

链路级仿真参数见表 4-9，场景 1 和场景 2 分别代表基于 CRS 和 DMRS 的传输模式。

表 4-9　链路级仿真参数

参数	场景 1 （基于 CRS 的传输模式）	场景 2 （基于 DM-RS 的传输模式）
载波频率	2 GHz	
系统带宽	10 MHz	
服务小区传输模式	传输模式 6	传输模式 9 单层
干扰小区传输模式	传输模式 4	传输模式 9
天线配置	2 发 2 收　低相关性	4 发 2 收　低相关性

（续表）

参数	场景 1 （基于 CRS 的传输模式）	场景 2 （基于 DM-RS 的传输模式）
信道模型，多普勒频移 （服务小区和干扰小区）	EVA, 3 km/h, 小区之间使用不同的信道初始化因子	
CRS 配置	2 个 CRS 端口 （不重叠）	
CSI-RS 配置	无	4 个 CSI-RS 端口，5 ms 周期
调制编码等级（目标信号）	外环链路自适应或固定调制编码等级	
预编码矩阵指示 （目标信号）	基线为宽带反馈预编码，感兴趣公司可以考虑固定预编码	
混合自动重传	8 HARQ 进程，最大 4 次 HARQ 传输	
反馈周期 （目标信号）	反馈周期：5 ms 反馈时延：8 ms	反馈周期：5 ms 反馈时延：8 ms
调制编码等级/预编码矩阵更新粒度，传输秩数（干扰小区）	基线为每子带每子帧随机变化，感兴趣公司可以考虑每子带每 10ms 随机变化，频域粒度为 6 个资源块	
	80%概率秩为 1，20%概率秩为 2[注]	70%概率秩为 1，30%概率秩为 2[注]
控制格式指示信道	CFI （控制格式指示）= 2	
下行控制信道检测	不考虑	
资源配置	50 个资源块	
循环前缀	普通	
仿真长度	10 000 子帧以上	

注：通过系统级仿真的统计数据得到了传输秩的分布概率。

（3）链路级仿真结果

在 3GPP 开展的研究项目中，有多家成员单位对终端 MMSE-IRC 接收机的性能增益进行了链路级仿真评估[18]。由于各家单位的算法实现有一定差异，仿真结果并不完全相同。整体上，对于小区边缘用户：链路级仿真中，终端 MMSE-IRC 接收机能带来 1～2 dB 的 SNR 性能提升、11%～33%的吞吐量增益，见表 4-10 所列。

表 4-10　MMSE-IRC 相对于 MMSE 的吞吐量增益

服务小区的传输模式	干扰协方差估计方法	目标用户的 SINR	调试编码方式	MMSE-IRC 相对 MMSE 的吞吐量增益
传输模式 6，2 发 2 收	基于 CRS	0 dB	外环链路自适应	11.5%
		−3 dB		19.6%
		−2.5 dB		33.10%
传输模式 9，4 发 2 收	基于 DMRS	0 dB		10.9%
		−3 dB		18.2%
		−2.5 dB		23.40 %

4.2.2　基于网络辅助的终端干扰抑制/删除接收机

前面介绍的终端 MMSE-IRC 接收机是在空域进行小区间干扰抑制，干扰协方差矩阵是通过服务小区的导频来估计的，不需要知道干扰信号的相关信息。为了进一步增强下行数据信道的吞吐量性能，LTE Release 12 启动了基于网络辅助的终端干扰抑制/删除接收机的研究[20]和标准定义工作[21]。

一方面，相比于 MMSE-IRC 接收机，NAICS 接收机能够获得额外的性能增益；另一方面，需要网络侧通过信令告知终端一些额外的干扰小区参数（干扰基站可能需要通过基站间的 X2 信令将相关参数传递给目标基站），同时，还要求终端通过盲检获取另外一些动态的干扰信号参数，从而进行增强的接收端小区间干扰处理。可以看到，NAICS 先进接收机需基于网络的辅助，并且对终端处理能力提出了更高的要求。

1. 接收机结构

NAICS 前期的性能评估主要基于以下 4 种候选接收机结构[22]。

（1）E-MMSE-IRC（Enhanced-MMSE-IRC，增强的干扰抑制接收机）

基于前述 MMSE-IRC 接收机进行增强，主要体现为增强的干扰协方差矩阵估计算法，即：对若干个强干扰小区到终端间的信道进行估计，进而计算得到更为准确的干扰协方差矩阵。其干扰协方差的计算如下，其中，集合 U 代表需要实时进行信道估计的强干扰小区集合。

$$R = P_1\hat{H}_1(k,l)\,\hat{H}_1^{\mathrm{H}}(k,l) + \sum_{m\in U} P_m\hat{H}_m(k,l)\,\hat{H}_m^{\mathrm{H}}(k,l) + $$

$$\frac{1}{N_{RS}}\sum_{(k,l)\in RS}\tilde{r}(k,l)\tilde{r}^{\mathrm{H}}(k,l) \tag{4-16}$$

$$\tilde{r}(k,l) = r(k,l) - \hat{H}_1(k,l)d_1(k,l) - \sum_{m\in U}\hat{H}_m(k,l)d_m(k,l) \tag{4-17}$$

与 MMSE-IRC 相比，E-MMSE-IRC 需要终端获知强干扰小区的导频信息以进行干扰信道估计，因此需要一些额外的信令支持或通过终端盲检来获得。

（2）R-ML（Reduced complexity-Maximum Likelihood，降复杂度的最大似然算法）

基于最大似然准则，采用低复杂度算法实现有用和干扰小区调制符号的联合检测，例如球译码、QR-MLD 等。为实现 R-ML 接收机，终端需要知道干扰小区信号的导频信息以进行信道估计，也要知道干扰的调制方式以进行解调。

（3）SL-IC（Symbol Level-Interference Cancellation，符号级干扰删除）

对干扰信号进行线性检测（例如采用 MMSE-IRC）、重构并删除，可通过多次迭代提高精度，其基本流程如图 4-15 所示。与 R-ML 接收机类似，终端需要知道干扰小区信号的导频信息和调制方式等。

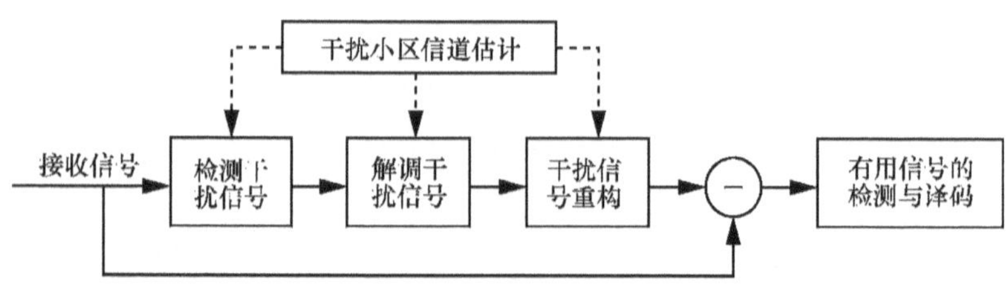

图 4-15　终端 SL-IC 接收机的流程示意

（4）CW-IC（Code Word level - Interference Cancellation，码字级干扰删除）

对干扰信号进行线性检测、解调译码、编码重构并删除，也可通过多次迭代提高精度，其基本流程如图 4-16 所示。终端需要干扰小区信号的导频信息以进行信道估计，需要干扰的调制编码等级、混合自动重传请求（Hybrid Automatic Repeat reQuest，HARQ）的循环冗余版本（Redundancy Version，RV）以进行解调和信道译码，并需要干扰小区用户的无线网络临时标识（Radio Network Temporary Identity，RNTI）信息以进行比特级解扰等。此外，还要求蜂窝网络是时间同步的。

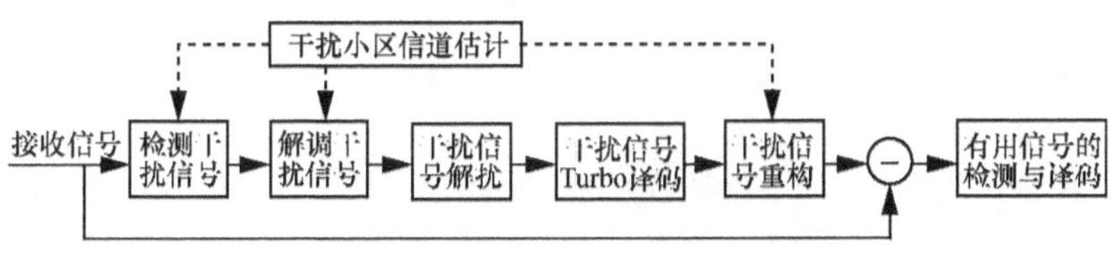

图 4-16　终端 CW-IC 接收机的流程示意

2. 系统级干扰建模

（1）小区间干扰建模

为了评估 NAICS 接收机的链路级性能及参数盲检可行性，本节定义了小区间干扰模型，以用来洞察理解、并在链路级建模实际干扰环境。需注意的是，由于前述 MMSE-IRC 接收机采用 Full Buffer 业务，其总干扰水平是固定的，因而可以采用基于 DIP 的干扰衡量指标；而对于 NAICS 接收机，假设业务为 Non-full Buffer 业务，因此总干扰水平是随时间、频率变化的，DIP 指标不再适用，因此采用了基于 $\hat{I}_j / N_{oc}$（$j=2,\cdots,M+1$）的指标。

$N_{oc}(\alpha)$ 定义为

$$N_{oc}(\alpha) = \sum_{j=M+2}^{N_{BS}} \alpha \hat{I}_j + \sigma^2 \qquad (4\text{-}18)$$

其中，假设需显性建模的强干扰数目为 M，$\hat{I}_{orj}$ 为干扰 j 的功率谱密度；α 为 Non-full Buffer 业务下网络的资源利用因子，仿真中考虑 40% 和 60% 两个典型值。

具体而言，$\hat{I}_{or1}$ 表示服务小区的接收功率谱密度，$\hat{I}_j$（$j=2,\cdots,M+1$）$\hat{I}_{orj}$（$j=2,\cdots,M+1$）表示第 $j-1$ 个最强主干扰小区的接收功率谱密度。σ^2 是热噪声的功率谱密度，N_{BS} 是考虑包括服务小区的小区总数。$N_{oc}(\alpha)$ 为网络资源利用因子为 α 时，除 M 个主干扰小区外的其他所有小区干扰及白噪声功率谱密度之和。在 NAICS 的研究及评估中，假设 $M=2$。

因此，主干扰的干扰特征可定义为 $\hat{I}_j / N_{oc}$（$j=2,\cdots,M+1$），服务信号的带宽 SINR 定义 $\hat{I}_{or1} / N_{oc}$。

（2）干扰场景

基于上述小区间干扰场景方法，考虑实际网络部署场景，就可进行小尺度干扰水平的仿真工作。在 NAICS 项目中，包含 3 个场景：NAICS 场景 1、NAICS 场景 2a 和 NAICS 场景 2b，如图 4-17 所示。类似地，此 3GPP NAICS 研究立项，主要面向同构网络和稀疏小站部署的异构网络。但 NAICS 接收机也可用于超密集网络中的小区间干扰抑制/删除，其工作原理和接收机结构是类似的；只是超密集网络中的干扰强度不同，NAICS 接收机带来的增益水平有一定差异。

① NAICS 场景 1。

- 仅含宏小区的同构网络，ISD = 500 m。
- 信道模型为 ITU Uma。
- 站点之间的回传为非理想。
- 协调假设：站点内信息交换无时延；站点间信息交换受限于回传时延。

注：该场景和 TR 36.819 中的 CoMP 场景 1 类似。

② NAICS 场景 2a。

- 在每个宏小区的覆盖范围内，有多个微小区稀疏部署。

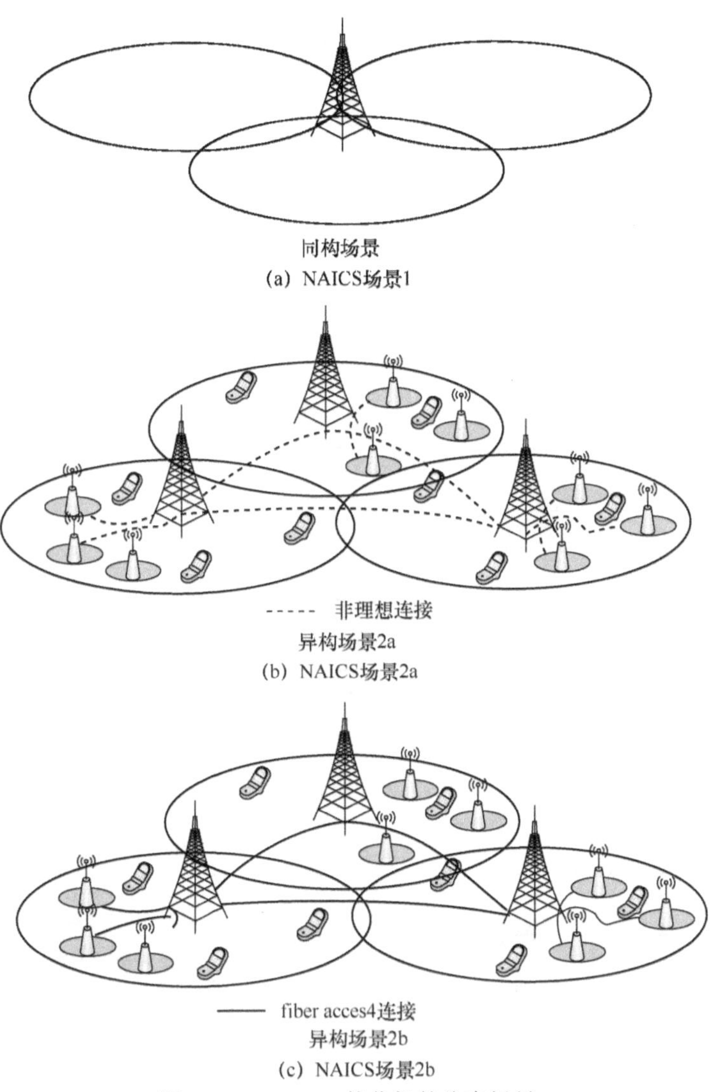

图 4-17　NAICS 接收机的仿真场景

- 回传假设：在宏小区与其覆盖范围内的微小区之间，以及同一个宏小区覆盖范围内的微小区之间，都是非理想回传；在不同站点的宏小区之间，回传为非理想。

- 协调假设：站点内信息交换无时延；站点间信息交换受限于回传时延。

③ NAICS 场景 2b（除以下几点外和 NAICS 场景 2a 相同）。

- 在宏站与其覆盖范围内的微站之间，以及同一个宏站覆盖范围内的微站之间，回传都是基于光纤的。
- 协调假设。
  - ◆ 根据回传假设，下列情况的信息交换无时延：站点之内、宏站与其覆盖范围内的微站之间、同一个宏站覆盖范围内的微站之间。
  - ◆ 根据回传假设，下列情况的信息交换受限于回传时延：宏站站点之间、宏站与其覆盖范围外的微站之间、不同宏站覆盖范围下的微站之间。

NAICS 系统级仿真参数见表 4-11。

表 4-11　NAICS 系统级仿真参数

参数	场景 1	场景 2a/2b
蜂窝布局	六边形栅格，19 个站点，每站点 3 个扇区	
带宽	10 MHz	
载波频率	2.0 GHz	
每载波最大发射功率	46 dBm	30 dBm（小基站）
路损	ITU UMa	宏站：ITU Uma。 小基站：ITU UMi
天线模型	3D（参考 TR 36.819）	小基站为全向天线
基站天线高度	25 m	10 m
终端天线高度	1.5 m	
每个宏基站覆盖内的小站数目		4 或 10
业务模型	FTP Non-full Buffer 模型	
硬切换滞后	3 dB	

3. 链路级性能评估

（1）仿真假设

优先考虑采用 NAICS 先进接收机处理数据信道对数据信道的干扰，即暂不考虑控制信道。假设目标小区和干扰小区具有相同个数的控制信道 OFDM 符号，该配置可以提供数据信道 NAICS 接收机的性能增益上界。

由于在时间和频率误差下，NAICS 接收机的性能会有所下降，目前仅考虑时间同步网络场景。在同步网络部署下，有用信号和干扰信号之间的子帧/时隙对齐和 CP 对齐均是合理假设，这些假设可以通过网络协调来实现。

所有 NAICS 接收机需要基于每个子载波做干扰信道估计。为了估计干扰信道，我们假设终端已知干扰源的 RS 信息，即如下参数是已知的。

① 若干扰为基于 CRS 的传输模式，则所需参数为：小区 ID、CRS 天线端口个数、预编码矩阵（传输模式 4 或 6）、传输秩（传输模式 3 或 4）、数据信道和 CRS 的 EPRE 比值（每资源粒子的功率比值）。

② 若干扰为基于 DMRS 的传输模式，则所需参数为：小区 ID 或者 $n_{\text{ID}}^{\text{DMRS}}$（如果有配置）、DRMS 天线端口个数、$n_{\text{SCID}}$、$P_{\text{B}}$（在包含 CRS 的 OFDM 符号上）。

NAICS 接收机需要知道在每个 PRB 或者每个 PRB 对上干扰信号是否会出现、以及干扰信号的传输模式。除了 E-LMMSE-IRC 接收机外，其他 3 种 NAICS 接收机都需要知道每个 PRB 上干扰信号的调制等级。CW-IC 接收机需要知道干扰信号的码率和 RNTI 来解码干扰数据信道；如果干扰数据信道有重传，那么还需要知道重传的冗余版本信息。

基于终端实现复杂度、网络信令开销和交互实时性等因素，上述信息可以从网络信令/网络协同中获知，或者通过 UE 盲解，也可以联合网络信令和 UE 盲解来获得。

（2）NAICS 干扰参数盲检的仿真结果

关于终端 NAICS 接收机所需的参数应该由终端盲检还是网络

侧信令告知，在 3GPP RAN1 和 RAN4 进行了很长时间的讨论。大致上，终端/芯片厂商希望控制终端侧来实现复杂度、提高顽健性，而由网络信令来告知这些参数；网络厂商希望控制网络侧的复杂度、并保持调度灵活性，所以建议由终端来盲检这些参数。双方都开展了大量的仿真评估工作，多家公司对比了终端盲检和网络告知（即 Genie-aided，终端知道所有相关信息）的性能。由于仿真假设和算法有所不同，各公司仿真得到的终端盲检带来的性能下降程度有较大差异，基本总结如下。

① "R-ML 接收机调制等级的盲检性能"，联发科技[23]。

观测结果：有许多干扰相关的参数需要估计（如果不由基站提供），文献[23]主要研究了盲检每个 PRB 上是否有干扰出现，以及盲检干扰调制等级的接收机性能。其他干扰参数，例如干扰信号的传输模式，都假设为已知；此外还假设有用信号和干扰信号都采用传输模式 9。对比已知干扰存在与否以及已知调制等级的接收机，盲检上述参数将带来最高 3 dB 的性能下降。

② "关于 NAICS 参数盲检/估计的讨论"，爱立信[24]。

观测结果：基于对干扰信号的分析，RI/PMI 和传输模式等参数可以由终端进行盲检。初步仿真结果表明，对于 TM4 和 TM9，在低信噪比和中等干扰水平下，盲检接收机的性能和 Genie-aided 接收机相比性能下降不大。

③ "关于 NAICS 干扰参数检测的讨论"，英特尔[25]。

观测结果：与网络信令告知参数相比，若采用干扰参数盲检，NAICS 接收机的性能会下降。关于干扰信号参数盲检的影响需要更全面深入的研究。

- 干扰为 16QAM 和 64QAM 情况下，与干扰信息完全已知的接收机相比，盲检干扰信号调制等级将会导致明显的接收机性能下降。
- 和已知干扰参数的接收机相比，盲检 TM4 干扰的空间预编码格式（即 PMI/RI）也可能导致显著的接收机性能下降，尤其对于秩为 2 的 2 发 2 收，以及 4 发 2 收的干扰场景。

④ "NAICS 干扰参数盲检分析"，高通[26-30]。

观测结果：分析了盲检全部干扰参数下 SL-IC/R-ML 接收机的链路仿真性能，干扰参数包括调制等级、RI、PMI、EPRE（TPR）、和传输模式等。在传输模式 3 和传输模式 4 场景下，全盲检 SLIC/R-ML 接收机相比于基准 LMMSE-IRC 接收机有明显增益，和 Genie-aided 接收机相比也仅有微小的性能下降。因此，考虑到盲检性能和信令开销，只有被证明能提供明显的系统级增益时，才会考虑额外的网络协同/信令。

基于各公司长时间的博弈，最后的折中方案总结为：半静态的参数由基站通过 RRC 信令告知终端（相邻基站之间需通过 X2 接口进行交互）、动态参数由终端进行盲检。对于部分动态参数（例如功率比参数 Pa），为了降低终端盲检的复杂度，网络侧将限制该参数可能取值的数目，并将该限制后的集合通过 RRC 信令告知终端，从而帮助终端降低盲检复杂度，并提高检测顽健性。

（3）NAICS 性能增益的仿真结果

在 3GPP 关于 NAICS 的研究项目中，多家公司对上述 4 种接收机的性能进行了评估，并得到以下结论[22]：与 Release 11 MMSE-IRC 接收机相比，E-MMSE-IRC/R-ML/SL-IC/CW-IC 都能获得明显的性能增益；其增益的大小与干扰的强度有关，主干扰信号功率越强时，增益越大；SL-IC/R-ML 一般能获得比 E-MMSE-IRC 更优的性能增益。

从性能的角度看，E-MMSE-IRC 获得的额外增益相对较小，因此后期的 NAICS 工作项目定义性能指标时，并未采用 E-MMSE-IRC 接收机。同时，CW-IC 虽然获得优异的性能，但其所需获知的干扰信号信息也是最多的，考虑基站间和空口信令交互的实时性和开销等问题，NAICS 工作立项阶段也并未采用 CW-IC 接收机。综上，经过性能和复杂度等多方面的评估，最终的 NAICS 先进接收机是基于 R-ML 和 SL-IC 接收机的[31]；各公司基于算法性能和芯片实现复杂度等因素，选择 R-ML 或 SL-IC 接收机进行解调性能指标的仿真；最后，基于各公司仿真结果的平均值，考虑一定的余量，3GPP RAN4 定义了 NAICS 接收机的基带解调性能指标。对于宣称支持

NAICS 功能的芯片和终端，必须满足 RAN4 定义的性能指标并通过相应测试。

4.2.3　终端内多个数据流间的干扰抑制/删除接收机

前面介绍的终端干扰抑制接收机、基于网络辅助的终端干扰抑制/删除接收机都用于处理小区间干扰。对于信道条件较好的终端，将有较大的比例采用空域多流复用传输，即 SU-MIMO。由于实际系统非理想信道反馈和有限码本等因素，多个数据流间的干扰将直接影响 SU-MIMO 传输的性能[32]。因此，为了提高 SU-MIMO 的吞吐量，3GPP 也对终端内多个数据流间的干扰抑制/删除接收机进行了立项研究[33]。

1.　接收机结构

与 NAICS 中小区间干扰抑制/删除不同的是，SU-MIMO 层间干扰抑制/删除不需要额外的网络信令告知干扰信道的相关信息。这是因为基于既有标准，终端能够知道所有数据流的空口传输参数。因此，对于终端的流间干扰处理，不仅能利用前述的 R-ML 和 SL-IC 接收机，也能采用先进的 CW-IC 接收机。

因此，项目立项之初，SU-MIMO 候选接收机包含 R-ML、SL-IC 和 CW-IC 3 类。基于 3GPP 仿真评估，首先排除了 SL-IC 接收机，因为其带来的性能增益相对最小。同时，为了给终端更大的空间和灵活度，RAN4 同意采用 R-ML 和 CW-IC 二者中性能稍差者作为制定性能指标的参考接收机。各公司基于 R-ML 和 CW-IC 接收机进行了不同配置下的仿真。考虑在大多数场景下，R-ML 接收机的性能增益稍小，RAN4 最终的解调性能指标是基于 R-ML 接收机的。

另外，值得注意的是，考虑实际干扰场景的多样性，SU-MIMO 先进接收机可与小区间 IRC/NAICS 接收机进行结合，分别处理小区内、小区间的干扰。在 3GPP 的研究中，就定义了 SU-MIMO 接收机与 IRC 接收机联合作用的测试例。

2. 性能增益

（1）SU-MIMO 流间干扰处理（单小区场景）

在 SU-MIMO 流间干扰处理的链路级仿真中，不建模小区间干扰，先进接收机仅用于处理终端的流间干扰。表 4-12 列举了不同双工方式、传输模式和信道模型下的仿真例，以更全面地评估先进接收机的基带解调性能。表 4-13 总结了 11 家公司仿真结果的平均值[34]。

表 4-12　仿真例与主要参数

仿真例	双工方式	传输模式	天线配置	信道模型	调制方式
1	FDD	TM3	2 发 2 收，中天线相关性	EVA 70 Hz	16QAM
2	FDD	TM4	2 发 2 收，中天线相关性	ETU 70 Hz	16QAM
3（选项 1）	FDD	TM9	2 发 2 收，中天线相关性	EPA 5 Hz	16QAM
3（选项 2）	FDD	TM9	2 发 2 收，中天线相关性	ETU 5 Hz	16QAM
4	TDD	TM3	2 发 2 收，中天线相关性	EVA 70 Hz	16QAM
5	TDD	TM4	2 发 2 收，中天线相关性	ETU 70 Hz	16QAM
6（选项 1）	TDD	TM8	2 发 2 收，中天线相关性	EPA 5 Hz	16QAM
6（选项 2）	TDD	TM8	2 发 2 收，中天线相关性	ETU 5 Hz	16QAM

表 4-13　链路级仿真结果

仿真例	MMSE 接收机所需的 SNR/dB	R-ML 接收机		CW-IC 接收机	
		所需的 SNR /dB	相对 MMSE 的性能增益/dB	所需的 SNR/dB	相对 MMSE 的性能增益/dB
1	17.70	15.77	1.93	15.85	1.85
2	18.31	16.30	2.00	15.56	2.74
3（选项 1）	17.44	15.41	2.03	15.44	2.00
3（选项 2）	17.47	15.91	1.56	15.01	2.46
4	17.12	15.31	1.81	15.56	1.56
5	17.83	15.89	1.94	15.45	2.37
6（选项 1）	16.92	15.12	1.80	13.86	3.05
6（选项 2）	17.50	15.76	1.74	14.70	2.80

（2）SU-MIMO 流间干扰处理与小区间干扰处理结合（多小区场景）

在 SU-MIMO 流间干扰处理的链路级仿真中，建模 1 个小区间干扰，先进接收机不仅用于删除终端的流间干扰，还用于抑制小区间干扰。基于高、中两种小区间干扰水平，各公司开展了链路级仿真，其仿真参数和仿真结果见表 4-14 和表 4-15[35]。

表 4-14　仿真参数

参数	服务小区	干扰小区
循环前缀	普通	普通
小区 ID	0	1
传输模式	3	1
干扰与噪声比（$\hat{I}_j/N_{oc}$）	N/A	6.24 dB，12.95 dB
信道模型	EVA70	EVA70
天线配置与天线相关性	2 发 2 收，中相关性	1 发 2 收，中相关性
控制信道的 OFDM 符号数	2	2
调制编码等级	MCS8 用于子帧 0，MCS9 用于子帧 1、2、3、4、6、7、8、9	16QAM

表 4-15　链路级仿真结果

所需的 SNR/dB	MMSE 接收机	小区间干扰抑制 MMSE-IRC 接收机	小区内干扰处理 R-ML 接收机	小区间 MMSE-IRC 与小区内 R-ML 结合
$\hat{I}_j/N_{oc}$ = 6.24 dB	17.39	16.34	16.24	14.09
$\hat{I}_j/N_{oc}$ = 12.95 dB	22.93	20.25	22.33	17.41

参考文献

[1] SORET B, PEDERSEN K I, JØRGENSEN N T K, et al. Interference coordination for dense wireless networks[J]. IEEE

commun. mag.2015, 53, 102-109.

[2]　3GPP TR 36.872. Small cell enhancements for E-UTRA and E-UTRAN-Physical layer aspects (Release 12)[S]. 2013.

[3]　LEE J, KIM Y , LEE H, et al. Coordinated multipoint transmission and reception in LTE-Advanced Systems[J]. IEEE commun. mag., 2012, 50(11): 44-50.

[4]　PEDERSEN K I, WANG Y, STRZYZ S, et al. (2013) Enhanced inter-cell interference coordination in co-channel multilayer LTE-Advanced networks[J]. IEEE wireless commun. mag., 2013, 20 (3): 120-27.

[5]　BOUDREAU G, PANICKER J, GUO N, et al. Interference coordination and cancellation for 4G networks[J]. IEEE commun. mag., 2009, 47 (4): 74-81.

[6]　LÓPEZ-PÉREZ D, VALCARCE A, DE LA ROCHE G, et al. OFDMA femtocells: a roadmap on interference avoidance[J]. IEEE commun. mag., 2009, 47 (9): 41-48.

[7]　3GPP Technical Report 36.872. Small cell enhancements for E-UTRA and E-UTRAN-physical layer aspects[R]. www. 3gpp.org.

[8]　3GPP Technical Report 36.874. Coordinated multi-point operation for LTE with non-ideal backhaul[R]. www.3gpp.org.

[9]　3GPP Technical Report 36.819. Coordinated multi-point operation for LTE physical layer aspects[R]. www.3gpp.org.

[10]　3GPP Technical Report 36.932. Scenarios and requirements for mall cell enhancements for E-UTRA and E-UTRAN[R]. www. 3gpp.org.

[11]　CMCC. RP-100383. Enhanced ICIC for non-CA based deployments of heterogeneous networks for LTE[R]. 3GPP TSG RAN meeting 47, 2010.

[12]　袁弋非. LTE/LTE-Advanced 关键技术与系统性能[M]. 北京：

人民邮电出版社, 2013.

[13] Huawei, HiSilicon. R1-112894. Performance evaluation of cell range extension[R].3GPP TSG RAN1 Meeting 66bis, 2011.

[14] RP-111369. Revised E2ICIC WID core[R]. 3GPP RAN Meeting 53, 2011.

[15] RP-121002. Status report to TSG[R]. 3GPP RAN Meeting 57, 2012.

[16] NTT DOCOMO. RP-111378. Enhanced performance requirement for LTE UE[R]. 3GPP TSG RAN Meeting #53, 2011.

[17] Renesas Mobile Europe Ltd. RP-120382. New WI: Improved minimum performance requirements for E-UTRA: interference rejection[R]. 3GPP TSG RAN meeting #55, 2012.

[18] 3GPP Technical Report 36.829. Technical report on enhanced performance requirement for LTE User Equipment (UE)[R]. v11.1.0, 2012.

[19] Renesas Mobile Europe Ltd. R4-120528. System level performance evaluation of MMSE-IRC receiver[R]. 3GPP RAN4 Meeting #62, 2012.

[20] MediaTek. RP-130404. Study on network assisted Interference cancellation and suppression for LTE[R]. 3GPP TSG RAN Meeting #59, 2013.

[21] MediaTek. RP-140519, New WI proposal. Network-assisted interference cancellation and suppression for LTE[R]. 3GPP RAN Meeting #63, 2014.

[22] 3GPP Technical Report 36.866. Study on Network-assisted interference cancellation and suppression (NAIC) for LTE[R]. v12.0.1, 2014.

[23] MediaTek. R4-135099. Performance of blind detection of modulation order for R-ML receivers[R]. 3GPP RAN4 Meeting #68bis, 2013.

[24] Ericsson. R4-134651. Discussion on potential blind detection/estimation of parameters for NAICS[R]. 3GPP RAN4 Meeting #68bis, 2013.

[25] Intel Corporation. R4-136207. Discussion on interference parameters signalling and detection for NAICS[R]. 3GPP RAN4 Meeting #69, 2013.

[26] Qualcomm Incorporated. R4-136900. NAICS Phase-2 evaluations for blind R-ML receivers[R]. 3GPP RAN4 Meeting #69, 2013.

[27] Qualcomm Incorporated. R4-136901. NAICS Phase-2 evaluations for blind SLIC receivers[R]. 3GPP RAN4 Meeting #69, 2013.

[28] Qualcomm Incorporated. R4-135486. Performance of blind R-ML Receivers for NAICS Phase-1 evaluations[R]. 3GPP RAN4 Meeting #68bis, 2013.

[29] Qualcomm Incorporated. R4-135490. Performance of blind SLIC receivers for NAICS Phase-2 evaluations[R]. 3GPP RAN4 Meeting #68bis, 2013.

[30] Qualcomm Incorporated. R4-135494. Performance of blind R-ML receivers for NAICS Phase-2 evaluations[R]. 3GPP RAN4 Meeting #68bis, 2013.

[31] MediaTek. RP-141866. Status report for WI: network-assisted interference cancellation and suppression[R]. 3GPP TSG RAN Meeting #66, 2014.

[32] Huawei. RP-140430. Motivation for new work item on performance requirements of interference cancellation and suppression receiver for SU-MIMO[R]. 3GPP TSG RAN Meeting #63, 2014.

[33] Huawei. RP-140520. New work item on performance requirements of interference cancellation and suppression receiver for SU-MIMO[R]. 3GPP TSG RAN Meeting #63, 2014.

[34] Huawei, HiSilicon. R4-145746. Update on summary of demodulation results[R]. 3GPP RAN4 Meeting #72bis, 2014.

[35] Huawei, HiSilicon. R4-151096. Summary of multi-cell whitening verification alignment and impairment results[R]. 3GPP RAN4 Meeting #74bis, 2015.

第 5 章

回传管理

5.1　无线回传

5.2　接入和回传联合设计

5.3　前传的挑战及方案

从现有无线网络功能和结构的演进分析，为进一步提升网络容量，目前 3GPP 已在版本 12 中引入了基于 LTE 的双连接，版本 13 正在讨论在 LTE+Wi-Fi 异构网络中提供异构双连接的功能，即用户可以同时接入两个 LTE 基站或者一个 LTE 基站和一个 Wi-Fi 节点。根据 ITU-R WP5D 的讨论共识[1]，5G 网络需要能够提供大于 10 Gbit/s 的峰值速率，并且能够提供 100 Mbit/s～1 Gbit/s 的用户体验速率，基于大量微基站的 UDN 将是实现这些目标的重要方式和手段。通过超密集网络部署与小区微型化，频谱效率和接入网系统容量将会得到极大的提升，从而为超高峰值速率与超高用户体验提供基础。

超密集网络部署具有以下特点。

① 基站间距较小：虽然网络密集化在现有的网络部署中就有采用，但是站间距最小在 200 m 左右。在 5G UDN 场景中，站间距可以缩小到 10～20 m，相比于当前部署而言，站间距显著减小。

② 基站数量较多：UDN 场景通过小区超密集化部署提高频谱效率，但是为了能够提供连续覆盖，势必要大大增加微基站的数量。

③ 站址选择多样：大量小功率微基站密集部署在特定区域，相比于传统宏蜂窝部署而言，这其中会有一部分站址不会经过严格的站址规划，通常选择在方便部署的位置。

超密集网络部署在带来频谱效率、系统容量与峰值速率提升等好处的同时，也带来了极大的挑战，主要体现在以下几个方面。

① 基站部署数量的增多会带来回传链路部署的增多，从网络建设和维护成本的角度考虑，超密集网络部署不适宜为所有的小型基站铺设高速有线线路（例如光纤）来提供有线回传。

② 由于在超密集网络部署中，微基站的站址通常难以预设，而是选在便于部署的位置（例如街边、屋顶或灯柱），这些位置通常无法铺设有线线路来提供回传链路。

③ 由于在超密集网络部署中，微基站间的站间距与传统的网络部署相比会非常小，基站间干扰会比传统网络部署要严重。因此，基站间如何进行高速、甚至实时的信息交互与协调，以便进一步采

取高效的干扰协调与消除就显得尤为重要。而传统的基站间通信交互时延达到几十毫秒，难以满足高速、实时的基站间信息交互与协调的要求。

根据我国 IMT-2020 5G 推进组需求工作组的研究结果，5G 网络将需要支持各种不同特性的业务，例如时延敏感的 M2M 数据传输业务、高带宽的视频传输业务等。为适应多种业务类型的服务质量要求，需要对回传链路的传输进行精确地控制和优化，以提供不同时延、速率等性能的服务质量。而传统的基站间接口（例如 X2 接口）的传输时延与控制功能很难满足这些需求。

此外，根据中国 IMT-2020 5G 推进组发布的 5G 概念白皮书[2]，连续广域覆盖场景将会是 5G 网络需要重点满足的应用场景之一。如何在人口较少的偏远地区，高效、灵活地部署基站，并对其进行高效的维护和管理，并且能够进一步实现基站的即插即用，以保证该类地区的良好覆盖及服务，也是运营商需要解决的问题。

5.1　无线回传

随着超密集组网中基站数目的显著增加，传统的有线回传方式已经不足以满足众多微基站部署以及即插即用的部署要求，因此要通过一系列的回传相关研究进行超密集组网的回传管理。本节中首先针对回传链路结构及技术选择进行详细描述，进而分析了一种面向 UDN 的有线、无线混合的分层回传技术，该技术可以实现 UDN 的微基站即插即用。

5.1.1　回传演进及基本结构

无线通信网络中，所有形式的无线接入技术都需要一条链路将基站的传输业务数据在保证一定 QoS 条件下传送到控制节点上，进而进入运营商的核心网中，这里的传输链路就称为回传链路。5G网络中 UDN 除了需要解决接入侧的干扰管理、移动性管理问题之外，回传架构的分析和设计至关重要。

从无线网络发展的角度，在过去的 20 年中，接入链路由 1G/2G 网络的话音业务到 3G/4G 的数据业务，数据速率发生了巨大的提升，与此同时，接入链路的数据提升对回传容量的要求也发生了明显变化，接入网回传容量发生了指数增长[3,4]。因为回传链路的容量和复杂度都直接影响网络建设和运营成本，尤其是 UDN 中微基站布网对回传链路的要求会更高，所以国内外通信运营商都十分重视回传链路的研究与优化。

图 5-1 给出无线网络宏基站典型的回传结构，其中包括无线网络回传架构中的 3 个主要组成部分，分别为基站、集线器/汇聚节点和核心网节点，来实现无线接入到核心网间的汇聚、交换和路由功能，各组成部分之间由接口相连，回传容量主要由各接口容量限定。

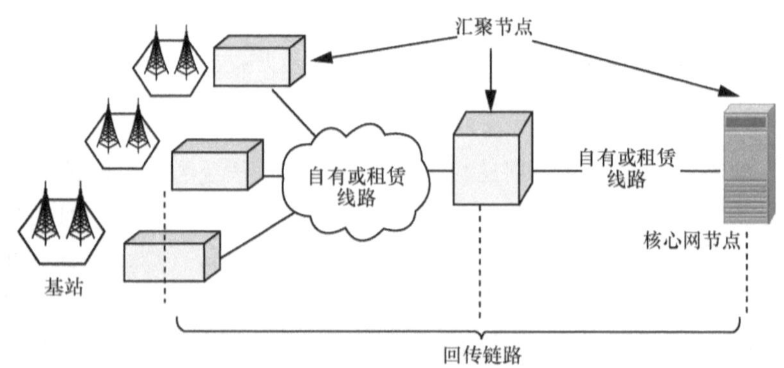

图 5-1　典型无线网络回传结构

3GPP 的定义中假设微基站除了在尺寸、输出功率以及额外的功能集成以外，与宏基站没有结构上的不同，即微基站/HeNodeB 也是采用相同的逻辑接口（S1&X2 或者 Iub/Iuh），图 5-2 给出了 3GPP TS 36.300 版本 10 定义的网络结构。

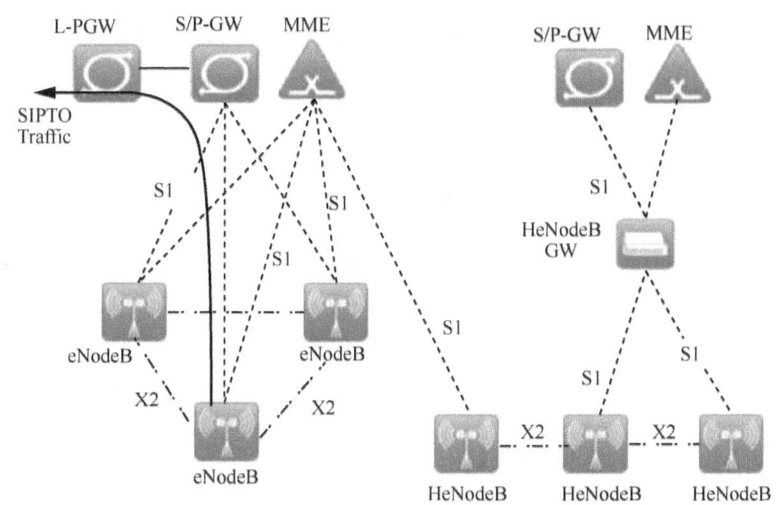

图 5-2　3GPP LTE 基本回传结构（版本 10）

在 LTE HeNodeB 网络结构设计中，包括了有聚合作用的网关（HeNodeB GW），在对其他类型微基站的标准化定义中暂时没有相关内容。对于未来的网络设计，比如在接入层面提出了虚拟层技术，引入一个支持微基站的聚合网关是一个可行的方向。这个聚合网关能够提供用户、控制和管理层面的功能，降低核心单元的信令开销，从而降低微基站的运营难度，其结构可以参考 3GPP 中已经对 HeNodeB 设计的网关结构。考虑到运营商既有的宏基站部署，对微基站部署的一个直接选择就是将微基站回传连接到宏基站上，即将宏基站作为微基站汇聚节点，当微基站间具备聚合站点的时候可以连接到宏基站。

5.1.2　回传的拓扑结构及实现途径

对于未来回传网络的拓扑结构也有多种选择，如图 5-3 所示。假设微基站间有集线器/汇聚节点，PTP（Point-to-Point，单点对单点）形式中集线器与微基站之间的拓扑结构可包括 PTP 树形、环形和网格形，另外还包括 PTMP（Point-to-Multi-Point，单点对多点）的拓扑结构。

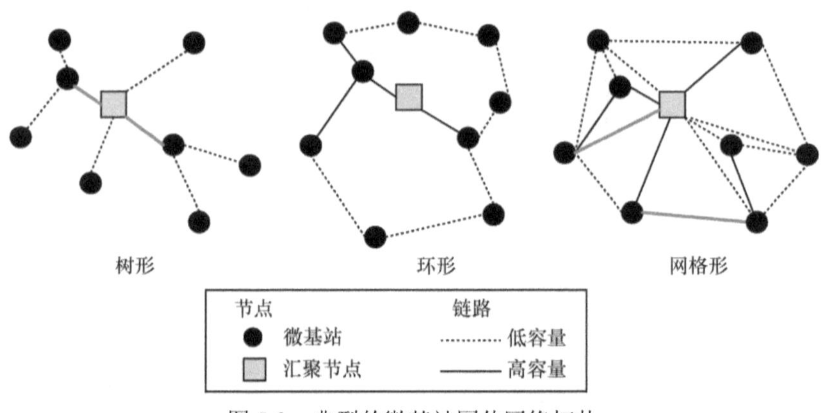

图 5-3　典型的微基站回传网络拓扑

　　PTP 的树形结构中，微基站与集线器之间通过一跳或多跳链路连接，其中树干支路因为要传输各树枝汇聚的信息，所以容量要求较高，同时树干容量需求根据支路数目的变化而变化；环形结构使得每一条链路都能得到充分利用，但是也使远端基站需要经历更多跳链路；网格形结构中点与点间都建立链路，会有更多的冗余链路，但同时路由选择更多，能够更灵活地进行资源分配，利用无线技术的网格形回传结构也称为无线 Mesh，在后文中将有具体的阐述；PTMP 拓扑结构更类似于接入侧的技术，集线器将容量动态分配给不同的微基站，可以根据不同时刻的业务变化改变回传链路的容量分配，可以提高频谱利用率，在这种拓扑中，汇聚节点处可以配置大规模天线进行多个微基站的回传接入，能够提升容量。

　　从实现途径角度来分析，回传链路通常有两种方式，一是基于有线光纤的方案，它是一种提供高容量、低时延的传输方法；二是基于无线回传，例如采用微波等频段将回传链路设计成无线传输链路，它可以基于 PTP 形式，也可以采用类似接入链路的 PTMP 形式。考虑我国国情，宏基站部署在大部分地区通常采用有线回传的解决方式；但是在国际上其他地区，尤其在欧洲，因为光纤资源需要租赁，加上其他建设维护的费用，建设有线光纤回传有时候并不划算，所以对于宏基站也广泛采用无线回传的形式。对于微基站而言，因为站址资源及传输资源紧张，到底采用有线还是无线的方式做回传部署是需要进一步分析的。尤其是针对未来的 5G 网络，如果即插即用成为 UDN 的基本要求，无线回传将提供一种有效的组网手段。

　　3GPP 的讨论已经对不同回传途径进行了分类，主要分成理想回传（光纤）和非理想回传（部分有线回传类型及无线回传），见表 5-1[5]。

表 5-1　3GPP 回传类别

	回传类别	时延（单程）	容量
理想回传	光纤	<2.5 μs	>10 Gbit/s
非理想回传	光纤	10～30 ms	10 Mbit/s～10 Gbit/s
	光纤	5～10 ms	100～1 000 Mbit/s
	光纤	2～5 ms	50 Mbit/s～10 Gbit/s
	DSL	15～60 ms	10～100 Mbit/s
	Cable	25～35 ms	10～100 Mbit/s
	无线回传	5～35 ms	10～100 Mbit/s—>Gbit/s

　　不同运营商将会根据自身网络架构及传输设备条件来设计微基站具体部署结构，包括部署拓扑以及采用有线还是无线方式来支撑回传链路。以下基于两种回传实现途径分别讨论。

　　将微基站与宏基站/聚合节点间用有线的方式连接就构成了有线回传结构，不同有线技术应用的概括如图 5-4 所示，它包括 PTP 和 PTMP 两种拓扑形式。其中有线回传的 PTMP 架构可以基于光纤 PON（Passive Optical Network，无源光纤）网络，比如 GPON（Gigabit-Capable PON），EPON（Ethernet PON），WDM（Wavelength Division Multiplexing，波分复用） PON 等。从覆盖角度，有线回传将在室内、室外沿地面或在地下/墙体内进行铺设线路，所以有线回传的制约条件首先应考虑站址建筑物的既有结构和工程难度带来的成本增加，在未来 UDN 的大量站址需求基础上，单纯建设有线回传网络的难度明显增大。

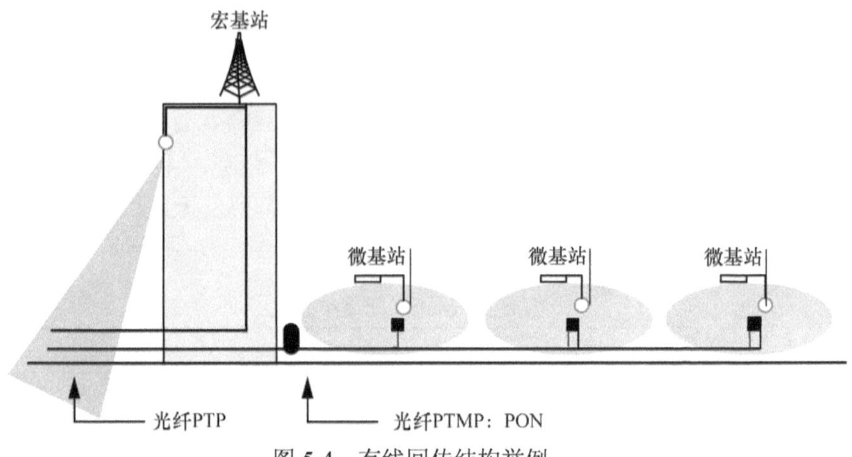

图 5-4　有线回传结构举例

与有线回传相比，无线回传的灵活性更具优势，图 5-5 给出了无线回传的结构举例。从覆盖角度，无线回传网络部署中无线回传的信道条件有较大影响，例如 LOS 信道的信道容量较高，但同时要求互传的两点间距较小而没有遮挡物，这就无形中提升了回传部署的成本，所以 NLOS 信道也在回传部署的考虑范围内。当微基站与宏基站/聚合节点之间没有直接点对点链路时可采用多跳的树形或环形拓扑。

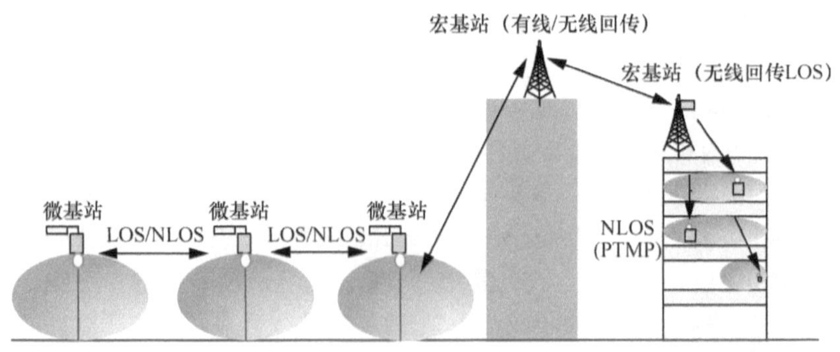

图 5-5　无线回传结构举例

在技术分析之外，两种实现方式的布网成本是运营商做出组网选择的重要依据，根据表 5-2 给出的 CAPEX 和 OPEX 的组成构件，文献[6]对不同回传实现形式的成本进行了详细的建模和计算。根据欧洲组网各元素的价位估计，未来 20 年周期的回传投资结果如图 5-6 所示。

表 5-2　回传成本组成构件

CAPEX	设备费（包括购买和安装），基础建设费用
OPEX	能源消耗，频谱/光纤租赁费用，维护费用等

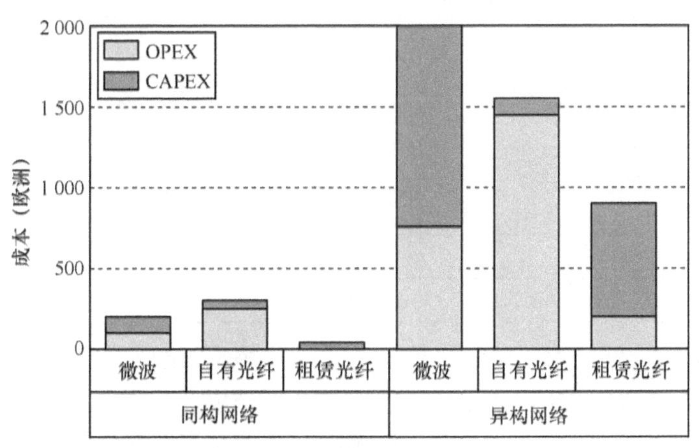

图 5-6　未来 20 年回传成本预测

从图 5-6 中可以明显看出，未来微基站部署/异构组网时回传成本将显著提升。同时，如果考虑光纤回传场景，租赁光纤的方式通常是成本较低且组网较快的方式（欧洲的情况与国内情况不同），如果运营商不具备租赁光纤的条件，对于宏基站部署无线回传从成本上来看是一个优选。然而，对于微基站部署/异构组网，微波无线回传的成本随着微基站数目的提升显著增加，所以对于 UDN 而言，无线回传的成本将是一个重要问题。当然，以上计算是针对无线回传采用微波频段进行设备成本计算的，若 5G 网络中高频段具备成熟产业链，成本也会随之明显下降。所以，在成本控制基础上选择合适的回传技术及架构对运营商而言至关重要。另外，虽然欧洲的回传成本计算中结论是租赁/自有光纤成本较低，但是计算过程中只涉及价位，如果加入对物业协商的难度考虑（对于国内运营商，这部分工作难度较大），情况就不一样了。

考虑到 5G 网络对回传的需求和挑战，情况就更加严峻。首先，5G 网络对接入侧的传输速率提出了很高的要求，随之对回传的挑战首先就体现在容量方面。表 5-3 以 LTE 为基础给出了各网络组成所需的容量要求[7]。

表 5-3　回传链路容量需求

构成元素	需求
S1 用户面数据容量	根据不同网络的用户速率要求
S1 控制面数据容量	假设可以忽略
X2 用户面与控制面数据量	4%
运维数据	假设可以忽略
传输协议开销	10%
Internet 协议安全性（IPSec）	14%

从以上结果可以看出，单条链路回传容量需要比接入侧峰值速率要求高 20%以上，考虑 5G 接入速率要求以及表 5-1 给出的不同回传类型的容量范围，无论是对无线回传还是有线光纤回传都是具有挑战性的。另外，如果考虑回传采用树状拓扑形式，树干支路的容量要求则更高。

在容量之外，回传链路的时延指标也是需要考量的，尤其是当采用多跳回传架构时，时延将影响用户切换性能。从时延的角度，因为有线光纤回传的时延在微秒级别，优势较为明显。同时，因为 UDN 带来的大量运维数据传输，其传输可靠性也对回传链路性能提出要求。

另外，从 UDN 的组网形式考虑，即插即用应成为一项基础性要求，然而因为假设广泛的光纤资源并不现实，所以如果单纯考虑有线光纤的回传方式将明显制约大量微基站的部署。那么基于即插即用的考虑，无线回传是有一定应用前景的。表 5-4 给出 UDN 考虑的几种典型的应用场景以及相应的回传条件，其中可以预见密集住宅、密集街区、大型集会以及地铁等场景都可能出现无线回传的需求。

表 5-4　超密集组网典型场景特点及回传条件

应用场景	特点	回传条件
办公室	站址资源丰富，传输资源充足，用户静止或慢速移动	有线回传基础较好
密集住宅	用户静止或慢速移动	站址获取难、传输资源不能保证，存在无线回传需求，有线/无线回传并存
密集街区	需考虑用户移动性	室外布站，存在无线回传需求，有线/无线回传并存
校园	用户密集，站址资源丰富，传输资源充足	有线回传基础较好
大型集会	用户密集，用户静止或慢速移动	站址难获取，传输资源不能保证，存在无线回传需求，有线/无线回传并存
体育场	站址资源丰富，传输资源充足	有线回传基础较好
地铁	用户密集，用户移动性高	存在无线回传需求

在无线回传设计角度，5G 网络也提出了很多的可能性，比如回传链路与接入链路可能同频部署也可能异频部署（当接入链路能够采用高频传输时，同频部署的可能性增大）。异频部署时如何作频谱选择，采用许可频段或采用非许可频段；同频部署时同频干扰如何处理等。所以，在研究未来 5G 网络接入技术的同时，需要对回传链路做相应的联合设计与分析。

5.1.3　混合分层回传

基于以上分析，5G UDN 部署对站址要求较高，其中主要体现在传输资源的要求上，若沿用宏基站有线回传的部署结构，UDN 网络部署需要具备大量的光纤资源，这在运营商部分部署地区是无法达到的。同时，微基站的即插即用要求使得易于灵活部署的无线回传成为解决传输资源受限的有效途径。结合两种回传条件，可以设计一种有线、无线混合的分层回传架构，如图 5-7 所示。

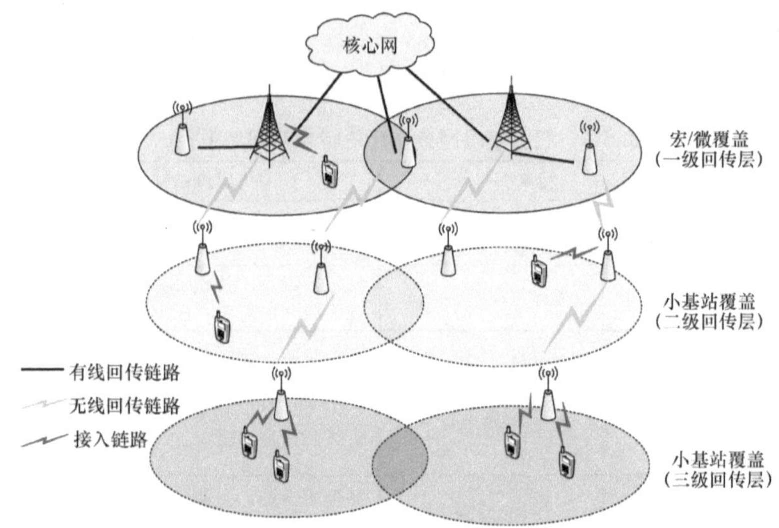

图 5-7　混合分层回传架构

　　混合分层回传主要应用于有线传输资源受限的密集住宅、密集街区、大型集会等 UDN 典型应用场景。该架构将不同基站分层标示，宏基站以及其他享有有线回传资源的微基站属于一级回传层，二级回传层的微基站以一跳形式与一级回传层基站相连接，三级及以下回传层的微基站与上一级回传层以一跳形式连接、以两跳/多跳形式与一级回传层基站相连接。在实际网络部署时，微基站只需要与上一级回传层基站建立回传链路连接，能够做到即插即用。

　　这种混合分层回传的好处在于可以分阶段部署微基站，例如第一阶段利用有线光纤资源做回传链路部署微基站，即一级回传层微基站；当流量需求增大，即有密集微基站部署需求的时候可以部署二级回传层微基站，通过无线回传的方式与一级回传层相连，做到即插即用；当微基站密度还需要增大时，还可以部署三级回传层微基站与二级回传层微基站即插即用相连。

　　从该架构的实现角度进行分析，对于一级回传层基站与现有宏基站部署类似；对于二级回传层微基站，情况就会相对复杂。如图 5-8 所示，假设只存在一级回传层和二级回传层，且两层基站的接入链路同频部署（即链路 3 与链路 4 同频部署），那么回传链路 1 与链路 3 可能同频部署也可能异频部署。当采用异频部署时，一级回传层基站同时对本层终端用户和二级回传层微基站进行接入，用于支持无线回传的微基站与宏基站需要具备不同频点的两套射频收发装置；当采用同频部署时，二级回传层微基站可参考 LTE 版本 10 中继结构，将接入链路与回传链路通过时分的形式进行传输。如果链路 3 与链路 4 不同频部署，即用户可采用载波聚合技术提升频谱效率，整个系统的频谱利用情况更加复杂。具体的频谱部署与未来运营商所具备的频段以及对之前网络的重耕密切相关。对于三级回传层微基站的接入方式，因为涉及的回传链路以及接入链路更多，布网可能性也随之增加，但考虑尽量降低运营商网络部署难度，应考虑遵循这样的规律：多跳回传之间采用相同频段，多层基站接入链路，可参考宏基站与微基站的接入链路频段可不相同，微基站之间接入链路频段相同。

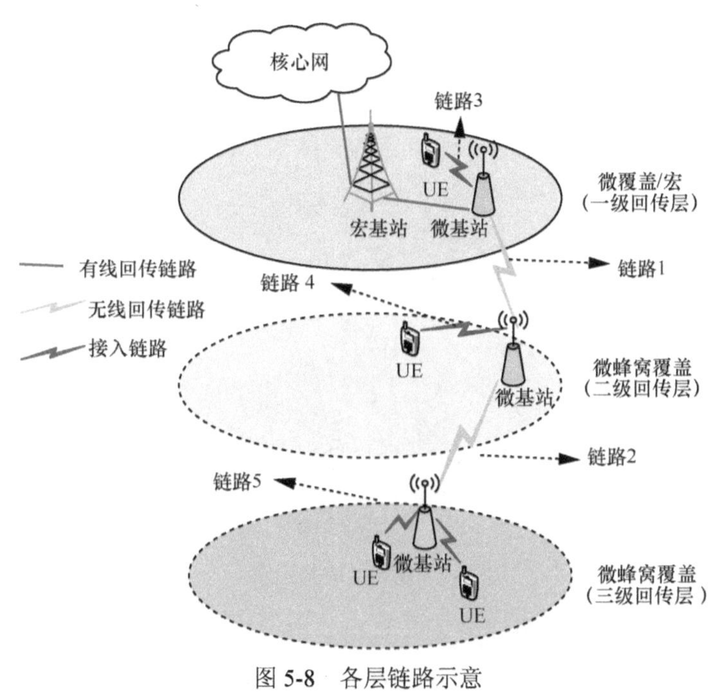

图 5-8　各层链路示意

在混合分层回传架构中考虑无线回传链路的容量和时延要求，可以进一步完成对移动性管理、负载均衡和业务分流等方面的技术研究。比如在移动性增强方面，为尽量降低用户切换的时延，可以进行如下设计。

如图 5-9 所示，当终端用户在两级回传层的基站间切换时，通过层间的 X2 接口，即图 5-9 中 UE1 从微基站 2 切换至微基站 1，通过微基站 1 与微基站 2 之间的 X2 接口；当终端用户在相同回传层内基站间切换时，若在一级回传层内通过 S1 接口，若在二级及以下回传层内，通过 X2 接口。此时可以通过上一级基站转发，即如图 5-9 中 UE2 从微基站 2 切换至微基站 3，通过微基站 2 和微基站 3 分别到微基站 1 的 X2 接口进行转发，需要进一步评估两跳时延是否能够满足切换要求。也可以新建同层的 X2 接口，但这将对网络架构设计有更高的要求，比如若实现即插即用，需具备类似 3GPP 对 D2D（Device to Device，设备到设备）通信定义的微基站发现过程。

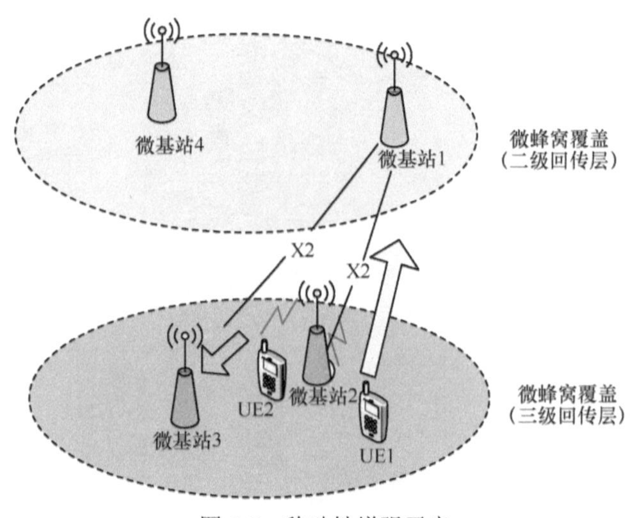

图 5-9　移动性增强示意

另外，考虑到有线回传与无线回传的链路容量和时延都有所不同，在负载均衡以及业务分流上都需要做相应的技术革新来匹配未来的业务需求。在负载均衡方面，可以将高负载用户接入到一级回传层基站，将低负载用户接入到二级及以下回传层基站。在业务分流方面，可以将终端用户双连接至一级回传层和二级及以下回传层，此时时延敏感业务在一级回传层基站发送，非时延敏感业务在其他回传层基站发送。

针对各层回传资源的分配，可以采用预定义的方式，这样的处理使得后期基站维护相对简单；也可以采用自适应的资源调节的方式，这样会与即插即用的部署需求更匹配。

5.2　接入和回传联合设计

5.2.1　多跳路由机制

对于无线微基站而言，由于其主要目的是满足高流量覆盖的需求，微基站的接入链路通常具有较高的数据传输能力，因此无线微基站的无线回程链路也应该支持高速数据传输，以达到整体的高性能。

无线节点通过一跳无线路径接入宏基站的方式，在 UDN 场景中存在一定的问题：首先，宏基站一般是低频点工作提供广域覆盖，宏基站带宽不会很大，满足不了高速率的回程链路传输需要；其次，即使宏基站支持高频、大带宽的工作频点，但由于在高频段情况下，波长短、损耗快，而且穿透能力差，受建筑物、树叶以及人体的遮挡效应明显等各种原因，相比传统低频段蜂窝系统，存在大量的覆盖阴影，也无法保证能为无线微基站提供稳定的高速率回程传输服务；再次，宏基站与无线微基站之间距离较远，一般要大于无线微基站到周围邻微基站的距离，因此从传播环境看，宏基站也不是一个很好的主接入基站的选项。对于无线微基站来说，如果能选择周围邻近的微基站作为主接入基站，则由于二者距离较近，链路情况较好，可以支持大带宽高速率传输，是一种更优化的方法。

如果无线微基站选择周围的邻区微基站作为主接入基站，邻微基站由于功率或者频点原因导致覆盖有限，那么对于无线微基站来说，不一定能在一跳路径中选出合适的主接入基站，因此多跳路径将是超密集微基站部署且存在于部分无线微基站场景中的一种无法避免的方式。

对于无线微基站开机之后选择至网络的无线路径，从整体架构方面可以分为集中式和分布式两种。

（1）集中式路径选择和建立

集中式路径选择的核心思想是有一个主负责节点，可以对该无线微基站的路径进行整体规划，选择其中最优的路径，并通知给各个涉及的节点。当部署有本地集中控制节点时，该主负责节点可以是本地集中控制节点。

（2）分布式路径选择和建立

分布式路径选择的核心思想是局部选择最优路径。这种方式的好处是快速灵活但无法考虑整体的路径情况。每一段路径分别决定，最终形成完整路径。

分布式路径选择过程可以有两个主要分支。一是各个可以做主接入的微基站将自己相应的能力信息广播出来（例如是否具备主接入能力、自身是否无线 AP、跳数情况、支持的带宽情况、回传带宽情况、是否具备扩展能力等），由无线微基站根据到各个备选主接入的链路测量情况，结合备选主接入本身的能力信息综合考虑，按照最优选择算法，为自己选择第一跳的主接入节点。在这种方式中，选择第一跳主接入时，是需要考虑主接入的后续回程情况的，根据综合信息选择，一旦选定，第一跳主接入之后的传输路径认为是可以复用现有路径。另一种方式是无线微基站与邻微基站直接进行信息交互和请求应答，获取其作为主接入的能力信息，以及上报自己的请求信息，在主接入回程带宽不足的情况下，可以发起主接入的回程带宽扩展过程。在这种方式中，由于通过专用信令交互，请求信息可以更完备，在主接入本身能力不足的情况下，可以进行主接入自身回程的扩展。

5.2.2　路径更新机制

在超密集微基站场景中，由于游牧部署需要节能，微基站可能存在不断开关的情况，导致已经建立的路径无法再继续提供服务，或者由于业务需求、链路状况等的变化，也存在原有的无线路径不满足需求的可能性，因此对无线回程链路的检测和更新过程是需要考虑和设计的。

（1）无线回程路径检测

无线回程路径检测是指对当前的无线回程路径的链路情况和传输情况进行一定的测量和结果收集处理，形成对当前无线链路的状态评估，当发现无线回程链路无法满足传输需要或者不能再提供服务时，应尽快予以上报和反馈，后续进行更新过程。

无线回程路径检测的方案有两种：一种是周期性测量和上报，另一种是事件触发型通知过程。周期性测量和上报是一种基本的过程，每一跳路径不断对传输链路质量和效果进行测量和评测，并汇总上报。例如上报给集中控制节点，有利于集中控制节点对各条链路实时状态的掌握，便于后续的各种新配置和优化。周期性测量和上报的开销较大，需要合理的控制开销和效果之间的折中。事件触发型通知过程，主要是指一旦发生不可恢复的错误，例如某段链路发生了无线链路失败，某个涉及的节点需要进行 On/Off 操作，则需要通过仍能工作的路径，将发生失败的情况通知出去，例如通知给集中控制节点，以利于集中控制节点对无线回程链路进行更新和重配置。

（2）无线回程路径更新

在无线回程链路无法继续服务或无法满足服务要求的情况下，需要启动无线回程路径的更新过程。更新的方式也分为两类：一是请求节点触发的更新过程，因为请求节点是被服务的节点，当自身的服务无法继续或者不能获得满足时，可以主动触发无线回程路径的更新过程；另一种是集中控制节点触发的更新过程，如果集中控制节点通过测量结果的收集或者触发式通知，发现已配置的无线回程路径无法继续服务或者满足基本的服务要求，则可以触发路径更新过程，或者出于网络整体优化的目的，也可以触发路径更新过程，以提高整个网络路径和传输的效率。

5.2.3 多路径联合传输机制

为了进一步提高回程链路的传输带宽和性能，可以利用多条路径的资源扩大小站能够支持的传输速率范围，即在无线小站回程传输路径中引入多连接的概念。在无线小站的场景中，虽然没有很强的移动性管理的需求，但是出于提升顽健性和稳定性及传输速率的需要，在无线小站的回程链路引入多连接，甚至是多种接入技术的多连接方案，必将使回程链路的管理和传输更为灵活，提升回程链路的传输速率，更好地满足无线小站的接入和高速数据传输需求。

无线回传的多路径联合传输如图 5-10 所示。

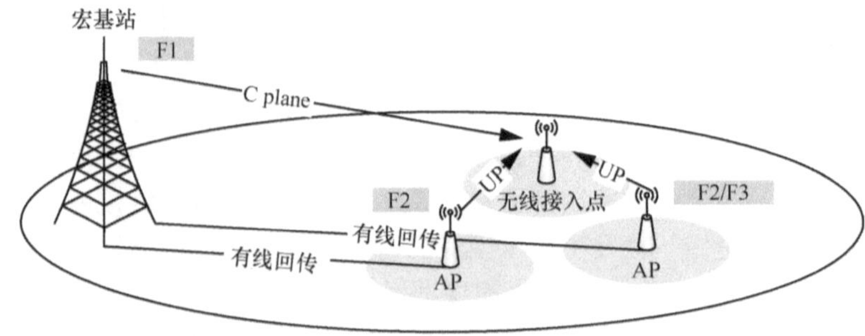

图 5-10　无线回传的多路径联合传输示意

（1）多路径建立和更新

在无线小站回传链路的多条路径中，无线小站与其多个 Donor 节点建立了多连接模式。在多个连接中，为了便于管理和协调，需要有一个主连接，其他是从连接。主连接的确定方式，一般由宏站担当主连接，其余小站担当从连接，或者首次接入的小区担当主连接，其余小区担当从连接。主连接将具有大部分的控制功能，便于一些集中和公共的控制和管理，为方便起见，从连接也可以保留一些控制功能，用以对自身相关的传输进行控制。控制面可以分为 3 类选项，如图 5-11 所示。

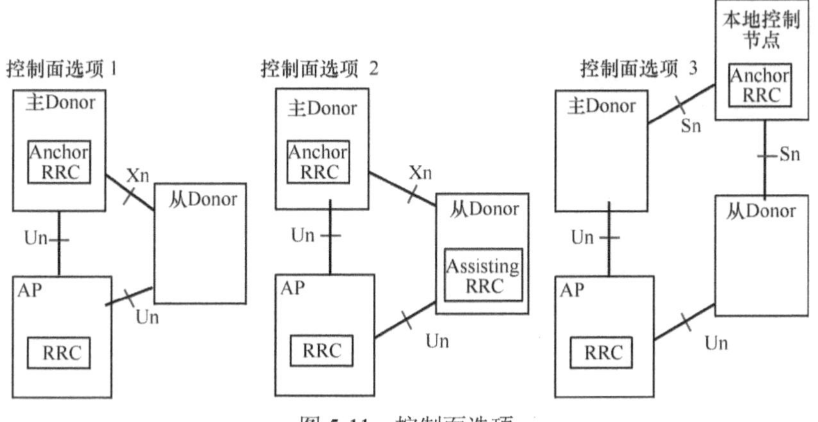

图 5-11　控制面选项

选项 1：经过主 Donor 和从 Donor 之间的 RRM 协商之后，只有主 Donor 能产生最后的控制消息。

选项 2：主 Donor 和从 Donor 都能产生最后的控制消息，并可以直接发送给无线小站。

选项 3：控制面位于集中节点，控制信令到每个 Donor 都是透传的，而每个 Donor 可以和集中节点协商控制信令的内容。

（2）多路径承载管理

在无线小站的多路径回程连接中，无线小站的回程空口承载较为复杂，是无线小站下属的所有 UE 承载的集合，即相同属性的多个 UE 承载汇聚成一个无线小站空口回程承载。基于这样复杂的映射关系，在对无线小站承载进行分离时，需要考虑在接入网部分统一处理，避免将复杂度引入到核心网部分。有两种对无线小站的回程空口承载进行多连接分离的方式。

方式 1：由本地网关进行 UE 承载和无线小站回程空口承载的映射，完成映射之后，再将无线小站回程空口承载分离到不同 Donor 节点，以便于通过 Donor 节点，传输给无线小站，承载分离的方式既可以基于每个承载选择不同的 Donor 路径，也可以将同一条承载分离到不同的 Donor 路径。

方式 2：核心网数据直接到达主 Donor 节点，由主 Donor 节点完成 UE 承载到无线小站承载的映射，并将映射之后的数据，分离到不同的 Donor 进行传输，承载分离的方式既可以基于每个承载选择不同的 Donor 路径，也可以将同一条承载分离到不同的 Donor 路径。

两种方式的用户面选项如图 5-12 所示。

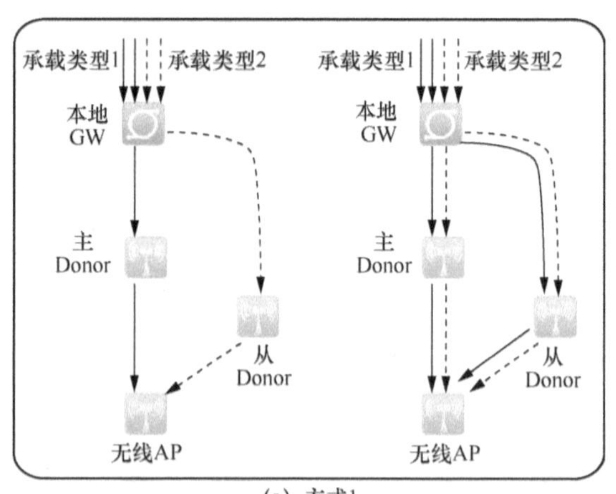

(a) 方式1

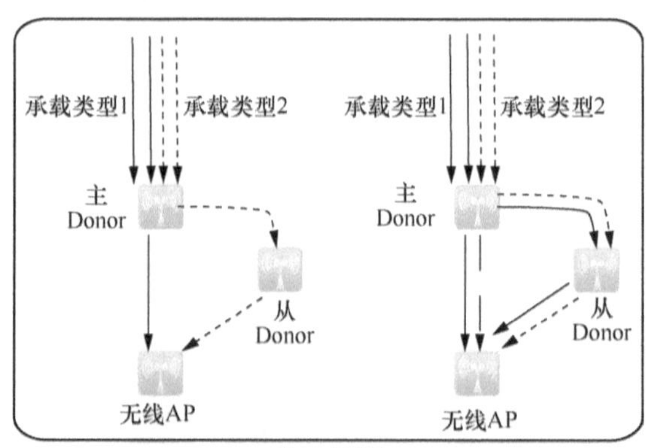

(b) 方式2

图 5-12　用户面选项

5.3　前传的挑战及方案

5.3.1　超密集组网中的前向传输挑战

在传统的网络结构中，前向传输接口指基带处理单元 BBU 与射频处理单元 RRU 之间的接口，较为通用的为 CPRI 接口，考虑未来 5G 的网络变化，传统的 CPRI 接口已经不能满足容量、时延以及灵活部署等需求，所以目前很多组织正在对下一代网络的前传接口进行研究。

首先，为满足未来 5G 容量密度 1 000 倍提升的要求，需要引入超密集、灵活的微基站部署。超密集微基站的部署势必带来频繁的站间切换和信号干扰问题，而这些问题通常可以通过设计集中控制面，以及大基站和微基站之间更紧密的空口协作来解决。由此可见，未来的网络结构正朝着 C/U（控制面和用户面）分离、控制集中的方向发展。提倡 BBU 集中化部署的 C-RAN 网络已经在业界引起普遍关注，其具有加快网络部署、降低运维和投资成本、支撑协作化及载波聚合等 LTE-A 关键技术等优势。但 C-RAN 部署的一个主要挑战来自于前传网络，尤其是考虑 5G 时代的超密集组网，C-RAN 的前传将更为严峻。从传统的 CPRI 接口来看，虽然目前基于有源或者无源波分传输技术可有效解决高带宽、低时延的前传问题，节约光纤使用量，但波分传输设备的引入会造成成本上升。因此，下一代前传接口需提供低时延和高带宽传输服务，并通过 BBU/RRU 功能重构满足无线网络结构演进的需求。

另外，从未来无线网络向 5G 演进的场景需求分析，5G 时代除了继续支持现有网络应用外，还会引入许多新的用户应用。例如面向增强型移动宽带场景中可能出现的密集城区、无处不在的高清/超高清甚至 3D 全息影片和视频、任何地方 50+Mbit/s 的高速用户体验、大于 350 km/h 的高速移动应用。大连接的物联网，例如传感网、触觉互联网、自然灾害监测等。同时，为满足 5G 以用户为中心的多样化业务场景的需求，未来网络需要具备按需快速定制、快速部署的能力，从而需支持大规模接入网共享等功能。总之，下一代前传网络必须具有更大灵活性和可扩展性。

进一步地，从未来 5G 网络新技术引入的角度分析，越来越多的新技术和新特性将会出现，以提升用户带宽、网络容量、业务时延等性能，从而应对上述新的应用需求。

首先，随着系统带宽和天线数增加，例如大规模天线的广泛引入，现有 BBU 和 RRU 间传输带宽急剧增加，通过 BBU/RRU 功能重新划分可满足网络大规模天线等新技术对前传的要求。其次，面向低时延和高带宽的上层业务需求，业务下沉和核心网功能边缘化趋势明显。在考虑业务命中率的前提下，将业务下沉至 BBU 集中部署机房是对业务命中率和业务时延需求的一种折中选择。在这种情况下，高带宽、低时延的前传网络是满足上层业务需求的基础。

总之，为了更好地提升网络资源使用效率，更好地支持无线网络向 5G 系统演进，也为了更好地支撑 BBU 的集中化部署，需要重新定义 BBU 和 RRU 的功能，设计一个基于分组传输技术的 BBU 和 RRU 接口，即下一代前传网络接口（Next Generation Fronthaul Interface，NGFI），以应对网络持续演进的挑战。

5.3.2　前向传输接口方案

目前，在业界讨论比较多的前传接口为 NGFI[8]，是指下一代无线网络主设备中中心协议栈处理功能与远端无线处理功能之间的前传接口，此处已不仅局限于 BBU 与 RRU 之间的接口了。

NGFI 至少具备两大特征：一方面是重新定义了 BBU 和 RRU 的功能，将部分 BBU 处理功能移至 RRU 上，进而导致 BBU 和 RRU 的形态改变，重构后分别重定义名称为 RCC（Radio Cloud Center，无线云中心）和 RRS（Radio Remote System，射频拉远系统）；另一方面是基于分组交换协议将前端传输由点对点的接口重新定义为多点对多点的前端传输网络。此外，NGFI 至少应遵循统计复用、载荷相关的自适应带宽变化、尽量支持性能增益高的协作化算法、接口流量尽量与 RRU 天线数无关、空口技术中立 RRS 归属关系迁移等基本原则。NGFI 不仅影响了无线主设备的形态，更提出了对 NGFI 承载网络的新需求。

如图 5-13 所示，NGFI 网络连接 RRS 和 RCC。

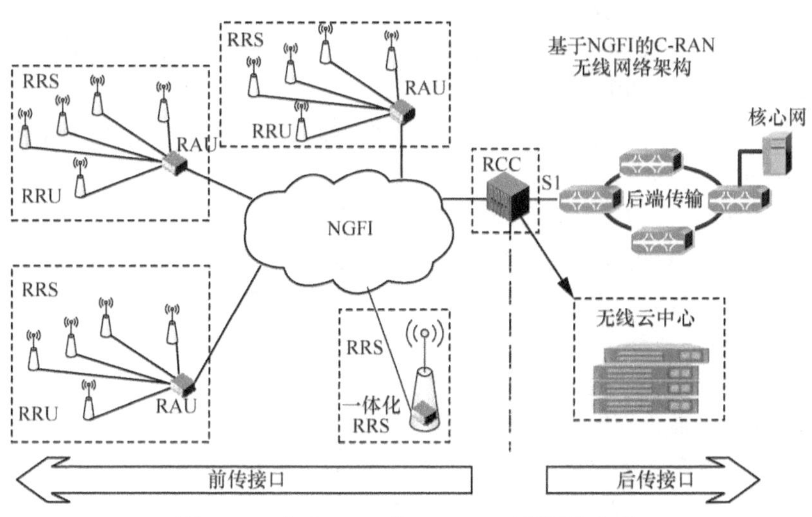

图 5-13　基于 NGFI 的 C-RAN 无线网络架构

① RRS 包括天线、RRU 以及传统 BBU 的部分基带处理功能 RAU（Radio Aggregation Unit，射频聚合单元）等。与现网的当前部署相对应，远端功能应部署在现有无线站址位置，对应功能的作用区是当前宏站的覆盖区域以及以宏站为中心拉远部署的微 RRU 和宏 RRU 的覆盖区域。图 5-13 中 RAU 为一个逻辑单元，实际设备形态与具体的实现方案有关，可以与原有 RRU 进行功能整合形成新 RRU 实体，也可以独立设计为一个硬件实体。

② RCC 包括传统 BBU 除去 RAU 外的剩余功能、高层管理功

能等。由于是多站址下的多载波、多小区的功能集中，从而形成了功能池，这一集中功能单元的作用区域应包括所有其下属的多个远端功能单元所覆盖的区域总和。相比扁平化的 LTE 网络设计，引入基带集中单元，并非引入一个高层级的网元，而仅是在考虑未来更高等级的协作化需求引入的基础上，进行 BBU/RRU 间的形态重构，并不影响 LTE 的扁平化网络结构。

NGFI 实现了连接 RRS 和 RCC 的功能，即重新划分完成后的 BBU 与 RRU 间接口。其接口能力设计指标定义需考虑 BBU/RRU 功能重构后对带宽、传输时延、同步等提出的新要求。综合考虑 NGFI 前端传输性能、应用场景和部署场景，选择 RCC 和 RRS 之间最优的无线功能划分方案。

以下以 LTE 为例给出 RCC 和 RRS 接口的潜在划分方案，如图 5-14 所示。其中，上行和下行基带处理可分为载荷相关的用户级处理和载荷无关的小区级处理，细实线框图为载荷相关的用户级处理功能模块，粗实线框图为载荷无关的小区级处理功能模块，虚线框图中的信道估计和均衡虽然是载荷相关的用户级处理，但是信道估计和均衡处理复杂度还与接收天线数正相关。

① 方案 1 为层 2 内部划分方案，主要考虑 LTE-A、Pre-5G、5G 演进需求，同时尽量降低对传输网络要求，且部署容易的方案。

② 方案 2 为 MAC/PHY 划分方案，其在协议的 MAC 层和 PHY 层之间进行分割，功能划分清晰，划分方案符合接口带宽随业务载荷动态变化原则。如果 MAC 层及以上功能在服务器上集中实现，那么可充分利用服务器性能优势实现集中式调度、向 5G 架构演进的新功能。

③ 方案 3 为 Bit-level/Symbol-level 划分方案，该方案符合接口带宽随业务载荷动态变化原则。

④ 方案 4 为 Symbol-level/Sample-level 划分方案，该方案符合接口带宽随业务载荷动态变化原则。

⑤ 方案 5 为基带/射频划分方案，为现有设备中 BBU 和 RRU 的接口方案，接口带宽与业务载荷无关。

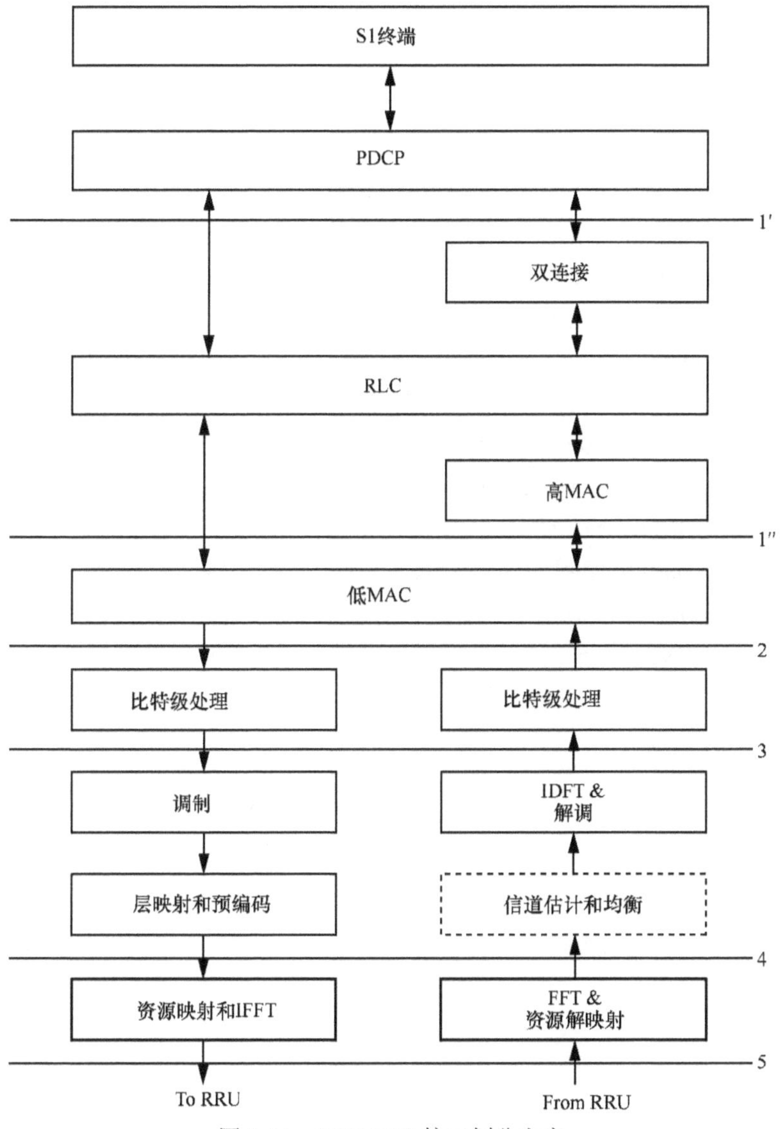

图 5-14　RCC-RRS 接口划分方案

　　不同方案对接口容量和带来的时延要求不尽相同，可以通过进一步深入分析来选取网络部署方案。

参考文献

[1] ITU-R WP5D Document 5D/836[Z].

[2] IMT-2020(5G)PG-WHITE PAPER ON 5G CONCEPT[S].

[3] ABI Research. Wireless backhaul: bandwidth explosion and emerging alternatives[Z]. 2005.

[4] Infonetics Research. Mobile backhaul equipment, installed base and services market outlook[Z]. 2006.

[5] 3GPP TR 36.932. Scenarios and requirements for mall cell enhancements for E-UTRA and E-UTRAN[S].

[6] MAHLOO M, MONTI P, CHEN J J, et al. Cost modeling of backhaul for mobile networks[C]//ICC'14, 2014: 397-402.

[7] NGMN Alliance. Small cell backhaul requirements[Z]. 2012.

[8] 下一代前传网络接口（NGFI）白皮书[Z]. 2015.

第 6 章

典型应用场景性能评估

6.1　办公室场景

6.2　密集住宅场景

6.3　大型集会场景

6.4　公寓场景

6.5　移动性性能评估

6.1　办公室场景

6.1.1　办公室场景评估模型

场景模型：假设一栋办公楼 6～20 层，层高 3 m，每层分为若干个办公室房间，办公室房间内放置若干隔断间。例如：每层建筑面 1 000 m² 分为 10 个 10 m×10 m 的办公房间。

基站部署：办公室内小站可部署在任意办公房间内，如图 6-1 所示，可考虑布置在天花板、墙壁、走廊等。

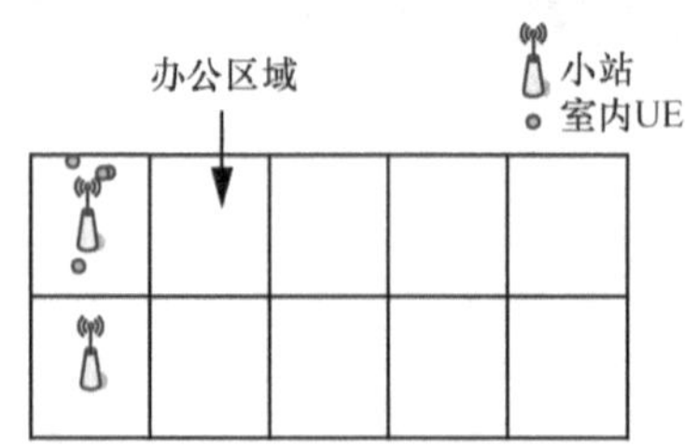

图 6-1　办公室场景示意

用户模型见表 6-1。

表 6-1　办公室场景用户模型

典型面积	500～1 000 m²
用户密度（单层）	0.25 个/m²
每用户设备数	3
用户激活率	30%
连接数密度（单层）	0.75 个/m²

计算激活的用户密度,即每平方米的 UE 数作为超密集网络 Full Buffer 业务仿真依据，具体计算过程如下。

单层激活连接数为：0.75×0.3=0.225 个/m^2；

例如：单层 1 000 m^2 的办公区域内，用于 Full Buffer 仿真的连接用户数为：0.225×1 000=225 个 UE，即办公楼每层用户数为 225。

UE 均匀分布在办公区域内，UE 和小站的最小 2D 距离为 0~3 m 或最小 3D 距离为 3 m（例如 UE 和小站在不同楼层时最小 2D 距离为 0 m）。

UE 静止或低速运动。

办公室场景仿真场景与参数见表 6-2。

表 6-2　办公室场景仿真场景与参数

	宏站	小站
拓扑	不对 macro 进行建模	单扇区模型，假设一栋办公楼 6~20 层，层高 3 m，每层分为若干个办公室房间，办公室房间内放置若干隔断间。例如：每层建筑面 1 000 m^2 分为 10 个 10 m×10 m 的办公房间。办公室内小站可部署在任意办公室房间内，例如天花板、墙壁、走廊等
带宽		基线：20 MHz Optional：10 MHz, 40 MHz, 100 MHz
载频		基线：3.5 GHz Optional：2.0 GHz
基站发送功率		24 dBm（20 MHz 带宽）
大尺度信道		2 GHz 小站：3GPP Dual Strip [TR36.814 A.2.1.1.2-8 UE to HeNodeB (3)和(4) Model 1]。 3.5 GHz 小站：3GPP Dual Strip [TR36.872 A.1.3]。 小站与 UE 间采用 3D 距离
穿透		2 GHz 室内 UE：20 dB+0.5 din [TR36.814 A.2.1.1.2-8]。 3.5 GHz 室内 UE：23 dB+0.5 din [TR36.872 A.1.3]。 不同层间穿透 18.3 $n^{((n+2)/(n+1)-0.46)}$ dB：参考 3GPP Dual Strip [TR36.814 A.2.1.1.2-8]中对层间穿透的计算。 内墙损耗 5 dB：参考 3GPP Dual Strip [TR36.814 A.2.1.1.2-8]中对内墙穿透的计算

（续表）

	宏站	小站
阴影		ITU InH [TR36.814 Table A.2.1.1.2-3 Femto]
基站天线		全向天线 2TX 2RX, cross-polarized
用户天线		全向天线 1TX 2RX, co-polarized/cross-polarized
基站天线高度		3 m
UE 天线高度		1.5 m
基站天线增益		5 dBi
UE 天线增益		0 dBi
小尺度模型		ITU InH [TR36.814 Table B.1.2.2.1-4]
UE 撒点		Full Buffer：均匀撒点，0.225 个 UE/m^2。 Non-full Buffer 业务：根据不同业务情况作调整，需给出具体说明
最小距离（2D）		Small Cell-UE：1～3 m（例如：UE 和小站在不同楼层时最小距离为 0 m）
业务模型		基线：Full Buffer, FTP Model 1 [TR36.814 A.2.1.3]。 Optional：FTP Model 3 [TR36.814 A.2.1.3], Video Stream [TR25.892 A3.4.3]，混合业务。 FTP 文件大小：0.5 或 2 M Bytes, Offered load 待定，考虑高数据率业务时，文件大小和分组到达率可作调整，需给出说明
UE 接收机		基线：MMSE-IRC/MMSE-OPT1
UE 噪声系数		上行：5 dB，下行：9 dB
UE 移动速度		静止或低速运动（仿真建议假设快衰 1 km/h）
小区选择准则		RSRP

6.1.2　办公室场景性能评估

（1）评估结果

办公室场景为超密集组网主要研究场景中流量挑战最大的场景，其中 IMT-2020 中定义的流量密度 KPI 为 15 T/2 Tbit/s·km^{-2}（DL/UL）。为研究在办公室场景下进行超密集小站部署的系统性能，针对办公室中部署不同数量的室内吸顶小站，小站部署如图 6-2 所示。

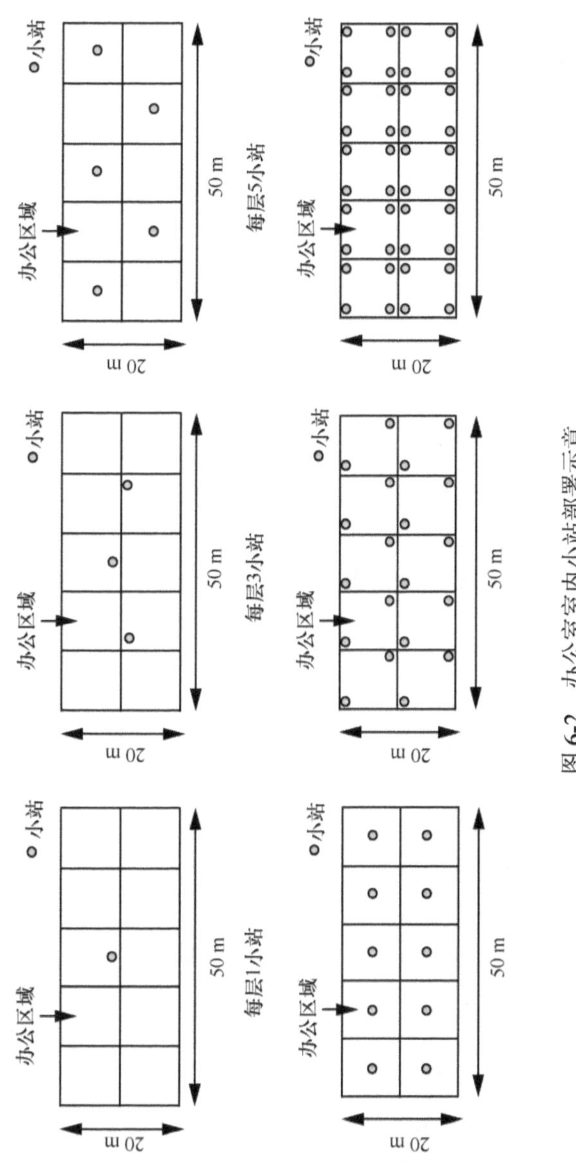

图 6-2　办公室室内小站部署示意

仿真结果如图 6-3 所示。

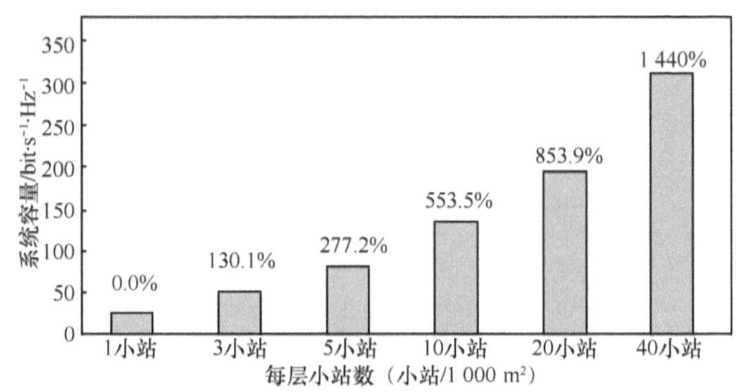

图 6-3　系统容量（每办公楼）与小站部署数目的关系

随着小站的密集部署，系统容量逐渐升高，在每层部署 40 个小站时，系统容量可提升至单小站部署的 14 倍。

随着小站的密集部署，小区间干扰更加严重，小区平均频谱效率逐渐降低；由于更密集的小站覆盖，小区边缘频谱效率逐渐升高，但相对增益小于系统容量增益，符合对干扰情况的分析，如图 6-4 所示。

根据上述仿真结果，每层部署 40 个小站，小站支持 20 MHz 带宽，系统容量换算为流量密度为 1.014 Tbit/s·km^{-2}。假设系统支持 100 MHz 带宽，流量密度可近似计算为

$$1.014 \text{ Tbit/s·km}^{-2} \times 5 = 5.07 \text{ Tbit/s·km}^{-2} < 15 \text{ Tbit/s·km}^{-2}$$

办公室场景对流量密度要求很高，在室内小站密集部署下，小区间干扰情况严重，如图 6-5 所示。与传统网络相比，最强干扰 DIP1 所占比例较低，仅为 30%～40%（传统异构网络为 50%～70%），并且干扰源众多，DIP1～2 仅占干扰的 50%～60%。随着小站数目的增多，强干扰比例显著下降。由于层间穿透可以推出主要干扰源来自同层小站。从图 6-6 的仿真结果可以看出小区边缘用户的干扰情况更为严重，体现在最强干扰占比小，相邻强干扰间差距小；小区 Geometry 50%-tile 的用户干扰情况明显好于 95%-tile 用户；另外，随着小站个数增加，整体干扰情况变差，在 50%-tile 的用户变化更为明显。

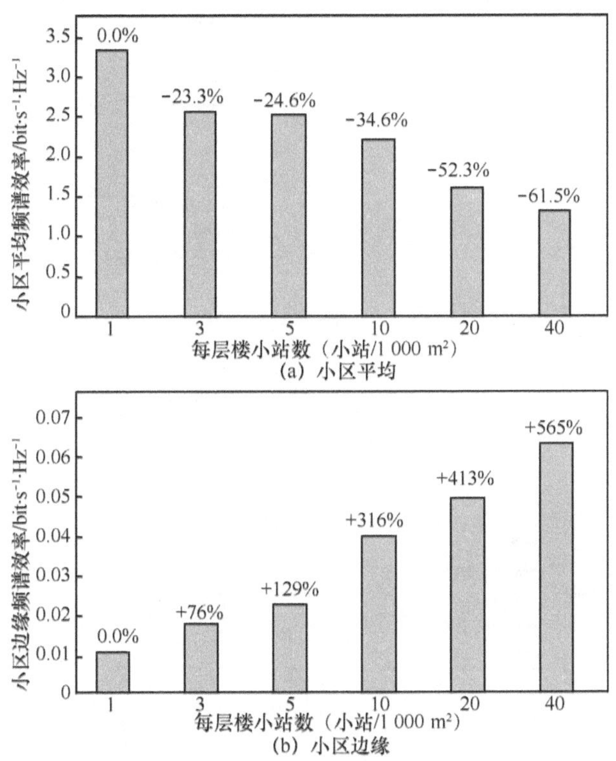

图 6-4　小区平均和小区边缘频谱效率

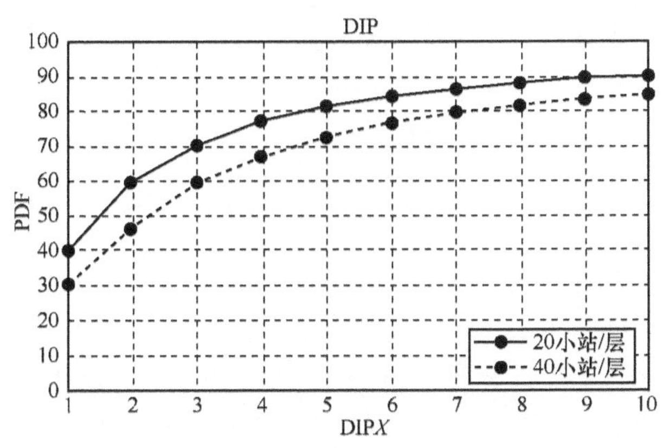

图 6-5　下行整体干扰水平分析

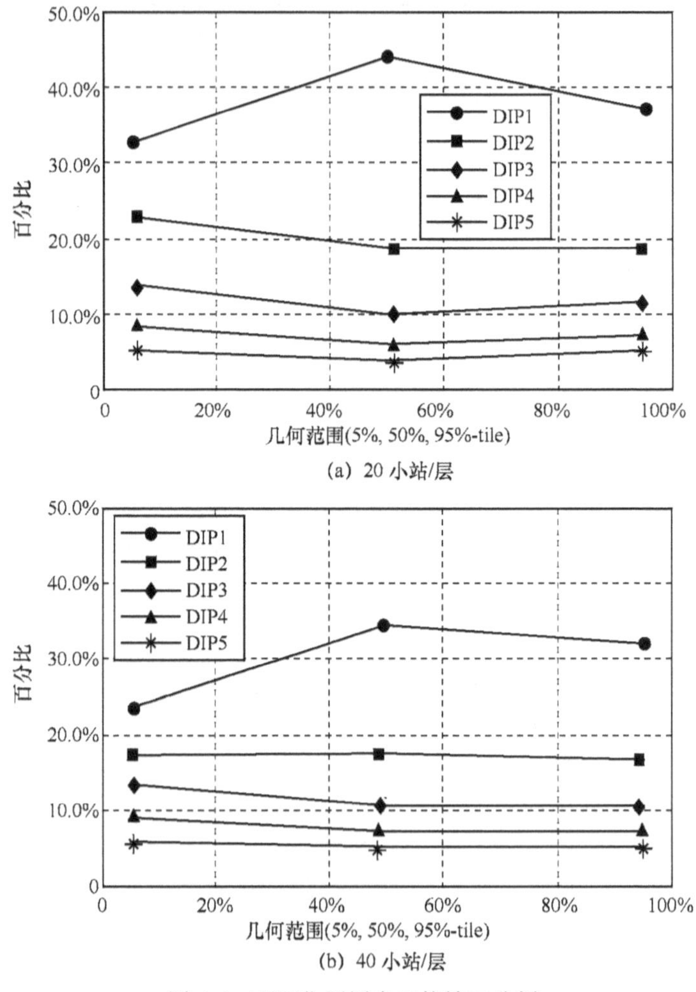

图 6-6　不同位置用户干扰情况分析

　　通过对以上仿真结果进行分析，在超密集网络中，采用 LTE 传统技术，例如 CoMP（最大协作小区数 3）和 DC（不适用于宏微同频部署）的效果有限，需要采用虚拟层技术获得更大的系统性能的提升。另外可以通过对接收机进行增强，消除更多小区间干扰。

与传统异构网络相比，超密集组网的密集小站部署，以及多层多用户传输等技术的广泛应用使得数据和导频受到的干扰更为严重，这对接收机的处理能力带来了更大的挑战，需要更复杂和先进的接收机进行干扰消除，提升系统容量。

串行干扰消除按照检测信号的不同准则，大体上分为 ZF-SIC，MMSE-SIC 两种结构。串行干扰消除检测算法基于 ZF 或 MMSE 检测出某一用户的信号，再消除检测出的信号对未检测的所有信号的干扰，依次逐层检测。

对于检测层的排序问题，常用解决方案是按照信号信噪比（检测矩阵权值）降序排列，依次对各层信号进行检测。

根据重构干扰信号时的判决方案可以将 SIC 分为硬判决和软判决。

在实际应用中，不同接收机的结构设计可以大致分为两类。

① Symbol-SIC（传统 S-SIC 和基于误差补偿的 S-SIC）。

② Codeword-SIC（传统 C-SIC、基于 CRC 校验反馈的 C-SIC 和基于误差补偿的 C-SIC）。

通过对以上仿真结果进行分析，在超密集网络中，采用 LTE 传统技术，例如 CoMP（最大协作小区数 3）和 DC（不适用于宏微同频部署）的效果有限，需要采用虚拟层技术获得更大的系统性能的提升。另外可以通过对接收机进行增强，消除更多小区间干扰。

结合上述办公室场景干扰分析，针对理想条件下干扰消除接收性能进行评估。如图 6-7 和图 6-8 所示，在理想条件下，串行干扰消除可以同时显著提高小区平均和边缘用户频谱效率，完全消除 1 个和 2 个最大干扰时，系统容量分别提升 22% 和 55%。与 MMSE-IRC 相比，完全消除 1 个干扰可获得 SINR 增益约 2.8 dB，消除 2 个干扰可获得 SINR 增益约 6.6 dB。在此条件下，系统容量可以达到单小站覆盖的 23 倍，小区边缘频谱效率可以提升至单小站的 9 倍。

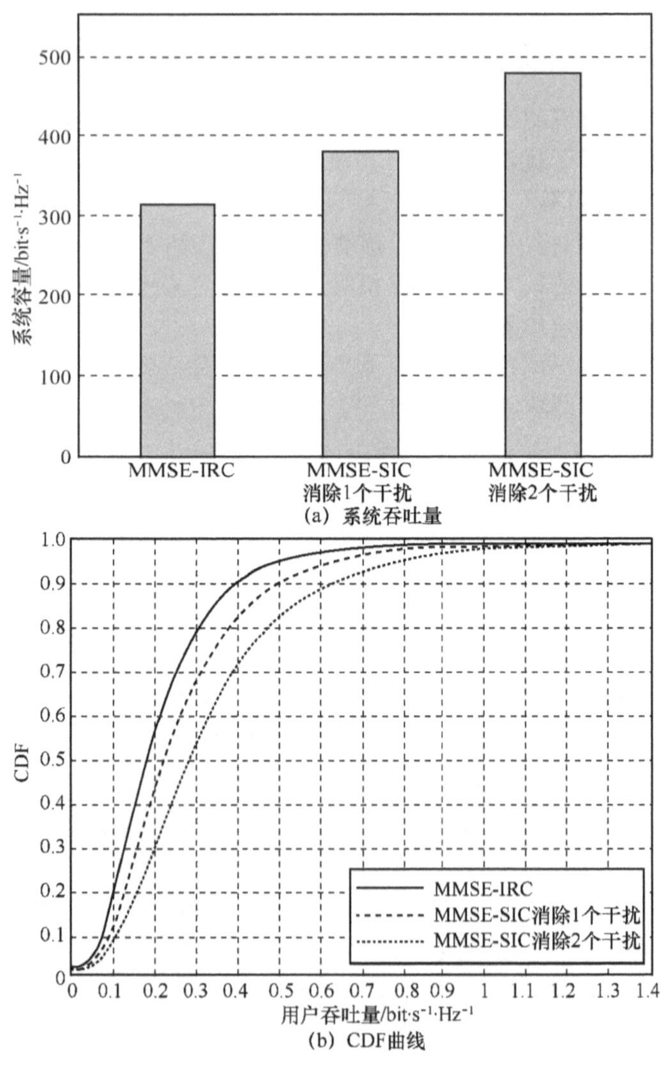

图 6-7　理想干扰消除性能评估

（2）评估结果

① 1 000 m² 的办公区域内，部署 10 AP，10 m×10 m，AP 间距 10 m。

② 1 000 m² 的办公区域内，部署 40 AP，5 m×5 m，AP 间距 5 m。

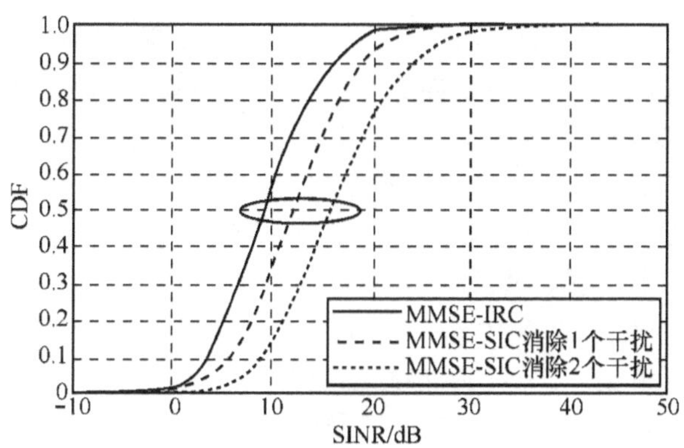

图 6-8　SINR CDF 仿真结果

图 6-9 所示为办公室场景下的仿真结果。

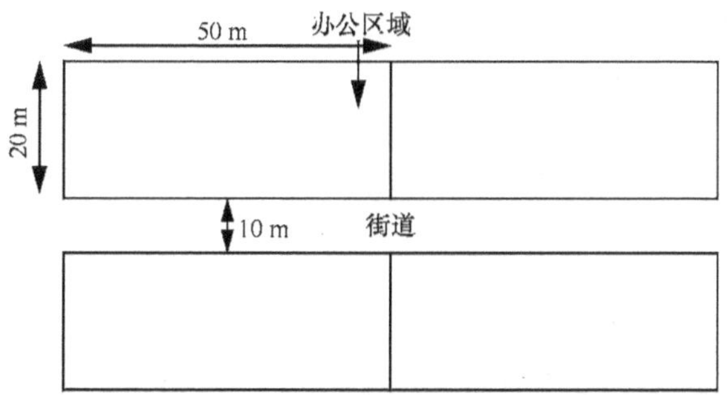

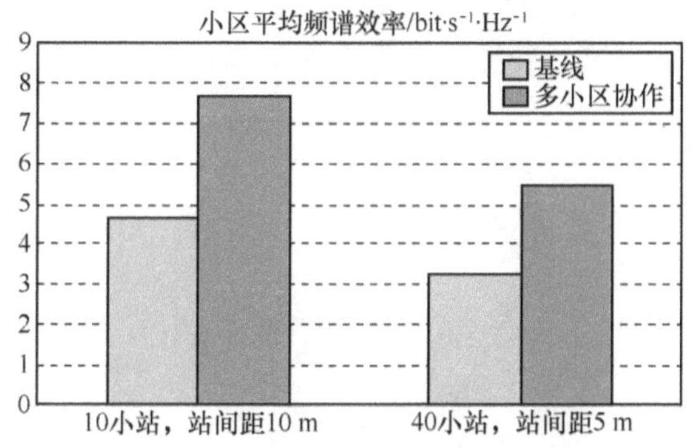

图 6-9　办公室场景下的仿真结果

可以看到，站间距越小，小站间干扰越重，频谱效率越低。MU-相干 JT 的多小区协作方法能够有效提高频谱效率，当部署 10 小站时，频谱效率提升 64%；当部署 40 小站时，频谱效率提升 69%。对于流量密度 15 Tbit/s·km^{-2}，办公区域内的总吞吐量为 15 Gbit/s，当部署 10 小站时，每个小站的吞吐量为 1.5 Gbit/s，需要带宽 195 MHz；当部署 40 小站时，每个小站的吞吐量为 375 Mbit/s，需要带宽 68 MHz。因此，部署 10 小站，在达到流量密度指标的同时，需要较多的系统带宽；部署 40 小站，更有利于流量密度指标的达到，但部署成本较大。对于 1 Gbit/s 用户体验速率，当用户独占整个系统带宽，瞬时速率可达 1 Gbit/s。然而一般情况下，用户密度大，激活用户较多，较难达到该指标。

6.2 密集住宅场景

6.2.1 密集住宅场景评估模型

（1）场景模型

一个宏基站覆盖的扇区内有若干个密集住宅区，每个密集住宅区方向一致或随机，内有若干栋住宅，密集住宅区内的住宅朝向一致，共 6 层（或低层建筑为 4～8 层随机，高层建筑为 10～20 层随机），层高 3 m。密集住宅区异构场景如图 6-10 所示。

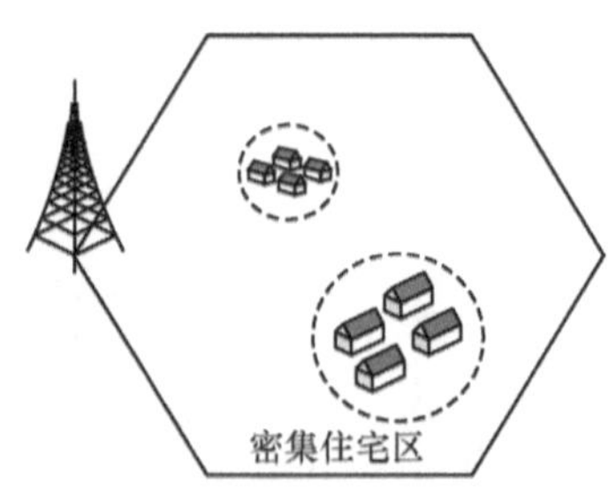

图 6-10　密集住宅区异构场景

（2）基站部署

室外部署即小站部署在住宅楼附近（例如楼外围区域、楼顶以及外墙等）。密集住宅区平面示意如图 6-11 所示。

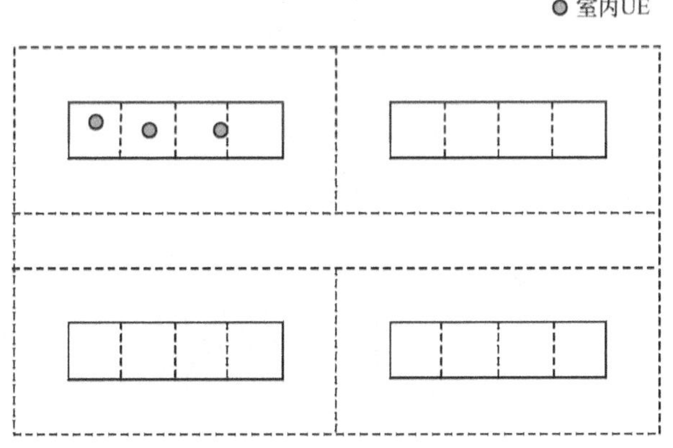

图 6-11　密集住宅区平面示意

（3）用户模型

室内每层用户数相同，每层用户均匀分布；室外用户在宏基站覆盖范围内随机分布（见表 6-3）。

表 6-3　密集住宅区场景用户模型

用户密度	容积率为 5 的密集住宅小区，每 km² 有 5 万户，每户 5 个普通终端（15 个物联网终端）典型面积：大型密集小区 1 km²
普通终端密度	0.25 个/m²
忙时激活率	不大于 15%

计算激活的用户密度，即每平方米的 UE 数作为超密集网络 Full Buffer 业务仿真依据，具体计算过程如下。

单层激活终端密度为 $0.25×0.15=0.037\,5$ 个/m²；例如，100 m² 的住宅内用于 Full Buffer 仿真的连接用户数为 $0.25×0.15×100=3.75$ 个 UE。

UE 静止或低速运动。

密集住宅区仿真场景与参数见表 6-4。

表 6-4　密集住宅区仿真场景与参数

	宏站	小站
拓扑	7 小区，每小区 3 扇区，六边形结构 [ITU-R M.2135]	宏基站覆盖的扇区内有若干个密集住宅区，每个密集住宅区方向一致或随机，内有若干栋住宅，密集住宅区内的住宅朝向一致，共 6 层（或低层建筑为 4~8 层随机，高层建筑为 10~20 层随机），层高 3 m。 室外部署：宏站，小站部署在住宅楼附近（例如楼外围区域、楼顶以及外墙等）。
带宽	20 MHz	基线：20 MHz。 Optional：10 MHz、40 MHz、100 MHz
载频	2.0 GHz	基线：3.5 GHz。 Optional：2.0 GHz
发送功率	46 dBm	30 dBm（20 MHz 带宽）
大尺度信道	Opt1：ITU UMa [TR36.814 Table B.1.2.1-1]，基站与用户间采用 3D 距离。 Opt2：3D UMa [TR36.873 Table 7.2-1]	Opt1：ITU UMi [TR36.814 Table B.1.2.1-1]，基站与用户间采用 3D 距离。 Opt2：3D UMi [TR36.873 Table 7.2-1]
穿透损耗	2 GHz 室内 UE：20 dB+0.5 din [TR36.814 A.2.1.1.2-8]。 3.5 GHz 室内 UE：23 dB+0.5 din [TR36.872 A.1]。 室外 UE：0 dB	

（续表）

	宏站	小站
阴影	Opt1：ITU UMa [TR36.819 Table A.1-1]。 Opt2：3D UMa [TR36.873 Table 7.2-1]	Opt1：ITU UMi [TR36.814 Table A.2.1.1.5-1]。 Opt2：3D UMi [TR36.873 Table 7.2-1]
天线	3D 定向天线	全向天线
天线高度	25 m	10 m
UE 天线高度	1.5 m	
天线增益	17 dBi	5 dBi
UE 天线增益	0 dBi	
小尺度信道	Opt1：ITU UMa [TR 36.819 Table A.1-1] Opt2：3D UMa [TR36.873 Table 7.3-6]	Opt1：ITU UMi [TR36.814 Table B.1.2.1-4]。 Opt2：3D UMi [TR36.873 Table 7.3-6]
基站天线配置	2TX 2RX, 4TX 4RX co-polarized 或 cross-polarized	2TX 2RX cross-polarized
UE 天线配置	1TX 2RX co-polarized 或 cross-polarized	
每扇区密集住宅区数量		1、2 或 4
每个密集住宅区建筑数量		4(2×2)、9(3×3)或 16(4×4)
每个扇区/建筑内 UE 数	10 个 UE/扇区	Full Buffer：0.037 5 个 UE/m^2。 Non-full Buffer 业务：根据不同业务情况做调整，需给出具体说明
UE 撒点	在扇区内均匀撒点	每层均匀撒点
最小距离（2D）	宏站-UE：35 m	小站—小站：10 m 或其他 小站-UE：0～3 m（例如 UE 和小站在不同楼层时最小距离为 0 m） 宏站—密集住宅区域中心：100 m 密集住宅区域中心—密集住宅区域中心：130 m

（续表）

	宏站	小站
业务模型	基线：Full Buffer，FTP Model 1 [TR36.814 A.2.1.3]。 Optional：FTP Model 3 [TR36.814 A.2.1.3]，Video Stream [TR 25.892 A.3.4.3]，混合业务。 FTP 文件大小：0.5 或 2 MBytes，Offered Load 待定，考虑高数据率业务时，文件大小和分组到达率可作调整，需给出说明	
UE 接收机	基线：MMSE OPT1/MMSE-IRC	
UE 噪声系数	上行：5 dB，下行：9 dB	
UE 移动速度	3 km/h	静止（仿真建议假设快衰 1 km/h）
小区选择准则	RSRP 或 RSRQ（考虑 CRE bias）	
回传	理想，或非理想[TR 36.932 Table 6.1-1]	

6.2.2　密集住宅场景性能评估

密集住宅区场景为超密集组网主要研究场景中流量挑战较大的场景之一，其中 IMT-2020 定义的流量密度 KPI 为 3.2 T/130 Mbit·s^{-1}·km^{-2}（DL/UL）。由于住宅环境的特殊性，室内较难进行小站的部署，因此性能评估关注小站部署在室外密集住宅的周围区域，且与居民楼有一定安全距离。小基站部署示意如图 6-12 所示。

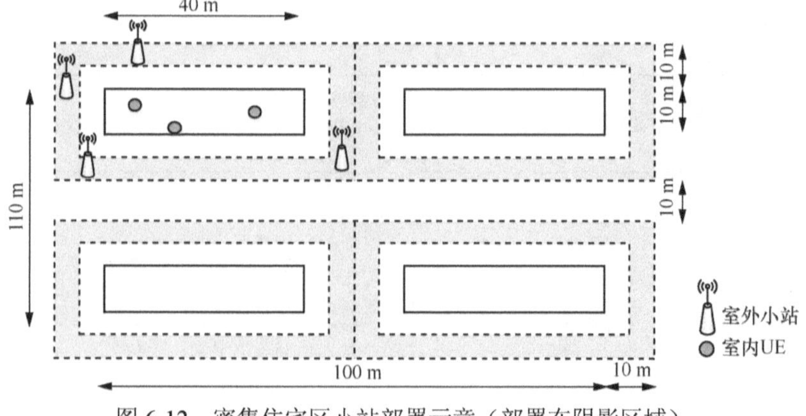

图 6-12　密集住宅区小站部署示意（部署在阴影区域）

针对不同小站数目与系统容量性能进行仿真评估，结果如图 6-13 所示。

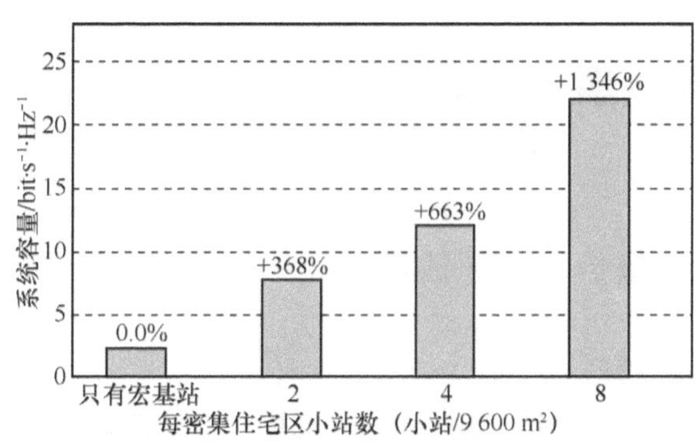

图 6-13 系统容量（每密集住宅区）与小站部署数目的关系

随着小站数目的增加，系统容量逐渐升高，当每个密集住宅区部署 8 个小站时，系统容量达到仅宏蜂窝覆盖的 13 倍，如图 6-14 所示。

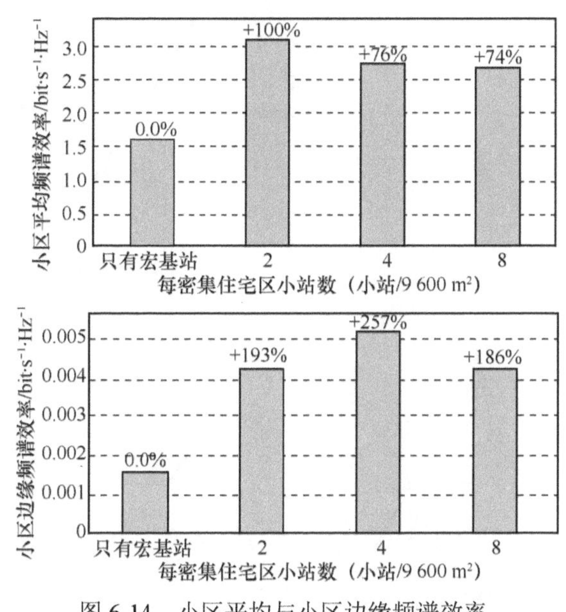

图 6-14 小区平均与小区边缘频谱效率

随着小站数目的增加，干扰情况的变得更为严重，小区平均和边缘频谱效率均呈现先递增后递减的趋势。

6.3 大型集会场景

6.3.1 大型集会场景评估模型

（1）场景模型

以天安门广场为例，假设露天广场南北长 880 m，东西宽 500 m，面积达 44 万 m^2，最大可容纳 100 万人举行盛大集会。大型集会场景示意如图 6-15 所示。

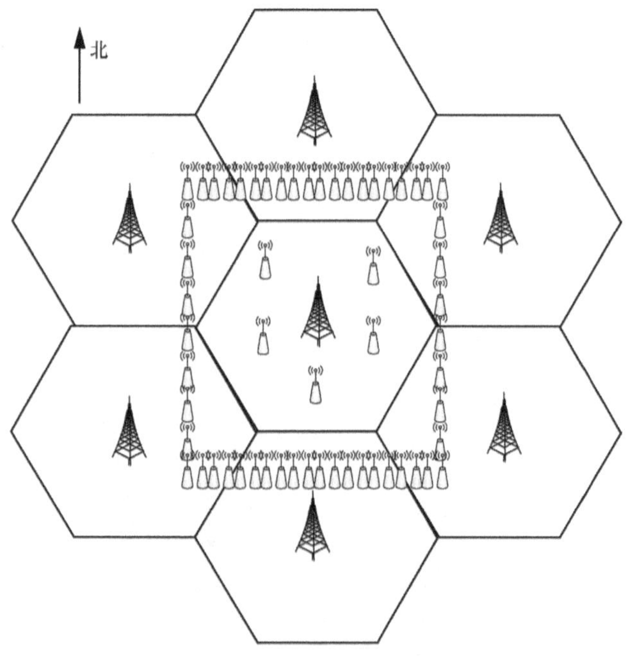

图 6-15 大型集会场景示意

（2）基站部署

在广场边界进行小站的密集部署，例如，在广场内随机部署 5～20 个，小站间距为 20～100 m。

（3）用户模型

用户随机分布在广场范围内，见表 6-5。

表 6-5　需求组大型集会场景 KPI 测算结果

典型面积	44 万 m^2
连接数密度	0.72 个/m^2
忙时激活率	不超过 10%

计算激活的用户密度，即每平方米的 UE 数作为超密集网络 Full Buffer 业务仿真依据，具体计算过程如下。

激活连接密度为：0.72×0.1=0.072 个/m^2；用户低速运动。

大型集会模型参数见表 6-6。

表 6-6　大型集会模型参数

	稀疏场景	较密集场景	超密集场景
四周小站数目	59 个	118 个	236 个
中心小站数目	8 个	18 个	98 个
四周小站间距	40 m	20 m	10 m
中心小站间距	156 m	111 m	50 m

6.3.2　大型集会场景性能评估

图 6-16 为大型集会场景下的仿真结果。

可以看到，同频、无干扰管理情况下，小站越密集，干扰越严重，中心小站均匀撒放，相比随机撒放，对 Geometry 有增益。大型集会场景，从可执行及效果两个方面考虑，适宜使用四周+中心均匀撒放 AP 的方式。小站密度随着流量需求的增加而提升，同时干扰也随之增大。增加中心小站密度，对干扰影响不大。

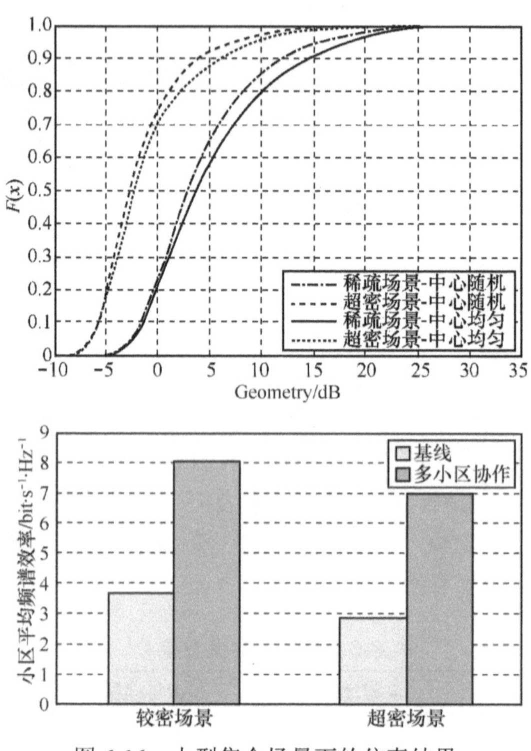

图 6-16　大型集会场景下的仿真结果

　　在小区平均频谱效率方面，多小区协作方法增益显著，超密情况下，联合传输具有很好的增益。从流量需求角度看，当流量需求为 880 Gbit/s 时，较密场景需要 800 MHz 带宽，超密场景需要 375 MHz 带宽。

6.4　公寓场景

6.4.1　公寓场景评估模型

（1）场景模型

　　公寓属于室内场景，楼层 6～20，每一层设有两排房间，房间高度为 3 m。例如，每排 5 个房间共 10 个房间，每个房间大小为 10 m×10 m，如图 6-17 所示。

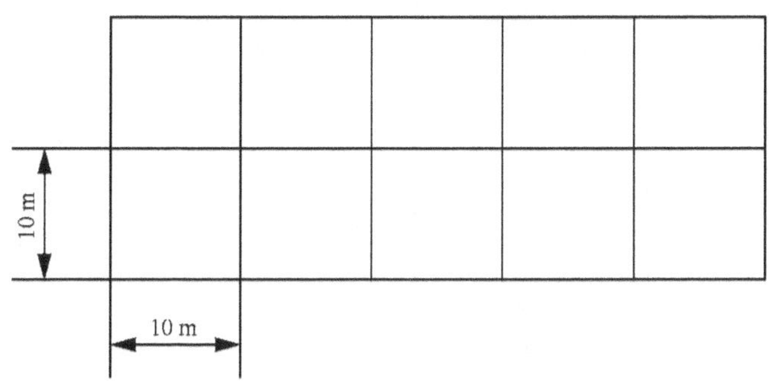

图 6-17　公寓场景示意

（2）基站部署，室内小站覆盖室内

（3）用户模型

每个房间随机散布相同数量用户，或者整个区域随机散布用户；公寓和密集住宅区在场景及模型上类似，此处沿用对密集住宅区场景用户模型的计算；用户静止或低速运动。

6.4.2　公寓场景性能评估

图 6-18 所示为公寓场景下的仿真结果，包括小区平均吞吐量、小区平均频谱效率、用户平均吞吐量、用户平均频谱效率、5%用户吞吐量以及 95%用户吞吐量。其中，房间大小为 10 m×10 m（100 m^2）的房间内，部署 1AP，采用分布式异频分簇算法。

可以看到，基线（同频，簇个数为 1）时，同频干扰较大，信号质量较差，各吞吐量性能都很低。异频分簇能够减小同频干扰，信号质量显著提高，各吞吐量性能得到提高，但频谱效率降低。随着簇个数增大，吞吐量增大，但频谱效率降低。因此，可以在吞吐量和频谱效率之间进行折中，选择合适的簇个数，使得吞吐量得到提升的同时，频谱效率的降低在可接受范围内。

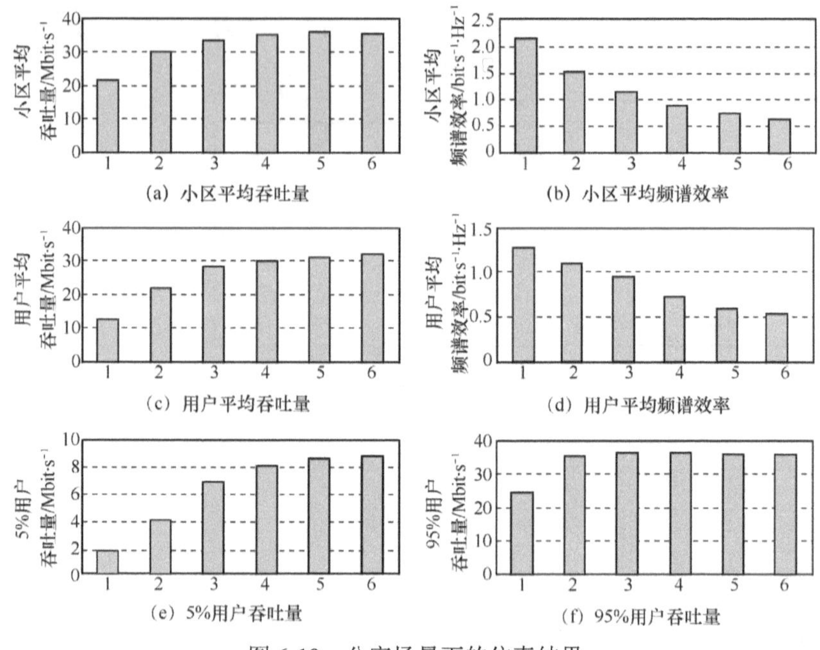

考虑流量密度 3.2 Tbit/s·km^{-2}=3.2 M bit/s·m^{-2}，100 m^2 的房间内，总吞吐量为 320 Mbit/s，需要带宽 540 MHz。25 m^2 的房间内，总吞吐量为 80 Mbit/s，需要带宽 99 MHz。因此，100 m^2 的房间在达到流量密度指标的同时，需要较多的系统带宽；25 m^2 的房间更有利于流量密度指标的达到，但部署成本较大。

考虑 1 Gbit/s 的用户体验速率（通过用户平均频谱效率计算），100 m^2 的房间内，需要带宽 1 866 MHz。25 m^2 的房间，需要带宽 1 106 MHz。因此，异频分簇的频域协调算法可以有效提高 5%用户吞吐量，使得基线时无法工作的 UE 正常工作。然而，异频分簇的频域协调算法由于频谱效率较低，需要 1 GHz 以上的系统带宽，较难达到 1 Gbit/s 用户体验速率要求。可以减少簇个数，但是用户平均吞吐量、5%用户吞吐量会降低，也可以增加天线数，但实现成本和复杂度增加。

6.5　移动性性能评估

为了评估 UDN 场景下，微基站部署密度对移动性性能的影响，对不同微基站小区站间距下的切换性能进行了仿真评估。微基站小区和宏基站小区采用同频部署，频率为 2.0 GHz。具体部署场景如图 6-19 所示，仿真区域内共包括两层 19 个三扇区小区，且每扇区内随机生成一个热点区域，每个热点区域内由 4/9 个微基站提供服务。其中，当热点区域内部署 4 个微基站小区时，微基站小区之间的站间距固定为 40 m；当热点区域内 9 个微基站时，微基站小区之间的站间距固定为 20 m。

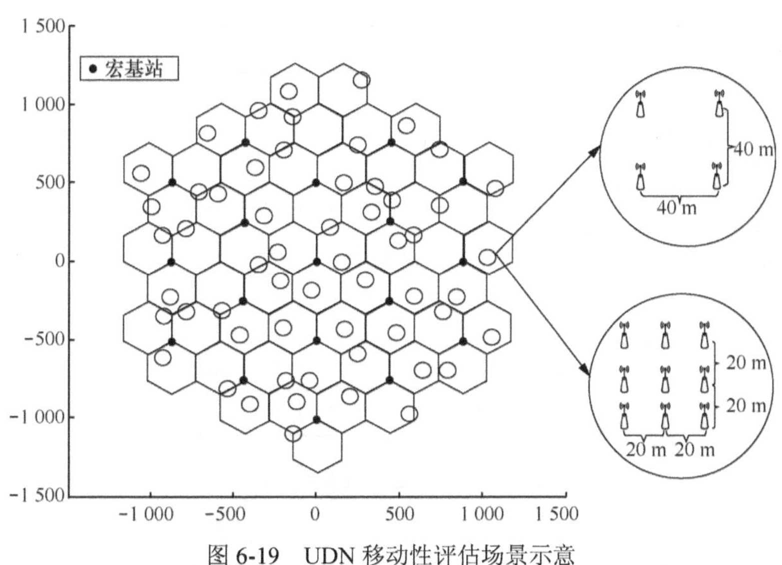

图 6-19　UDN 移动性评估场景示意

UE 的初始位置和移动方式同 3GPP TR 36.839 中的 wrap-around 模型[1]，即 UE 的初始位置在整个仿真区域均匀分布，沿随机方向匀速直线运动，当离开仿真区域时以 wrap-around 的方式从仿真区域边界的另一位置再次进入仿真区域。

宏→微、宏→宏以及微→微间切换为同频切换，触发事件采用 EVENT A3，仿真流程与 3GPP TR 36.839 中 Large Area 场景下的移动性评估流程与方法保持一致。本仿真的具体系统仿真参数以及移动性相关仿真参数参见表 6-7 和表 6-8。

表 6-7　系统仿真参数

	宏基站小区	微基站小区
载波频率/带宽	2.0 GHz/10 MHz	2.0 GHz/10 MHz
基站发射功率	46 dBm	30 dBm
路损模型	TR 36.814Macro-cell model 1 $L = 128.1 + 37.6\log10(R[\text{km}])$	TR 36.814Pico cell model 1 $L = 140.7 + 36.7\log10(R[\text{km}])$
信道模型	ITU 信道	
穿透损耗	20 dB	20 dB
小区负载	100%	100%
基站天线增益	15 dB	5 dB
终端天线增益	0 dBi	0 dBi
阴影标准偏差	8 dB	10 dB
阴影相关距离	25 m	25 m
阴影相关性	小区之间为 0.5/扇区之间为 1	小区之间为 0.5
天线	3D 定向天线	全向天线
天线配置	基站 1TX，UE 2RX	基站 1TX，UE 2RX

表 6-8　移动性相关仿真参数

参数	值
UE 运动速度	30 km/h
EVENT A3 触发量	RSRP
TTT	160 ms
A3-offset	2 dB

（续表）

参数	值
层 1 采样时间	10 ms
层 1 过滤时间	200 ms
层 3 过滤参数 K	1
切换准备时延	50 ms
切换执行时间	40 ms
最小停留时间	1 s
Q_{out}	−8 dB
Q_{in}	−6 dB
T310	1 s
N310	1
N311	1

如图 6-20 所示，通过随着微基站小区密度的增加，总的切换尝试次数显著增加，增长接近 25%，频繁的切换导致核心网信令负荷的增加，其中由于微基站的部署，微→微切换发生次数显著增加显著。

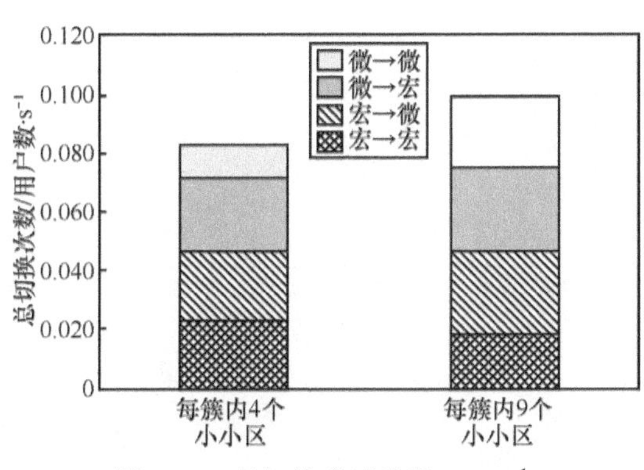

图 6-20　总切换尝试次数/UE·s^{-1}

如图 6-21 所示，随着微基站小区密度的增加，微→宏、微→微切换失败率以及切换失败发生的次数增加显著，而宏→宏、宏→微切换失败率变化不大，仅有一定程度的增加。总的切换失败率提高 29.7%。

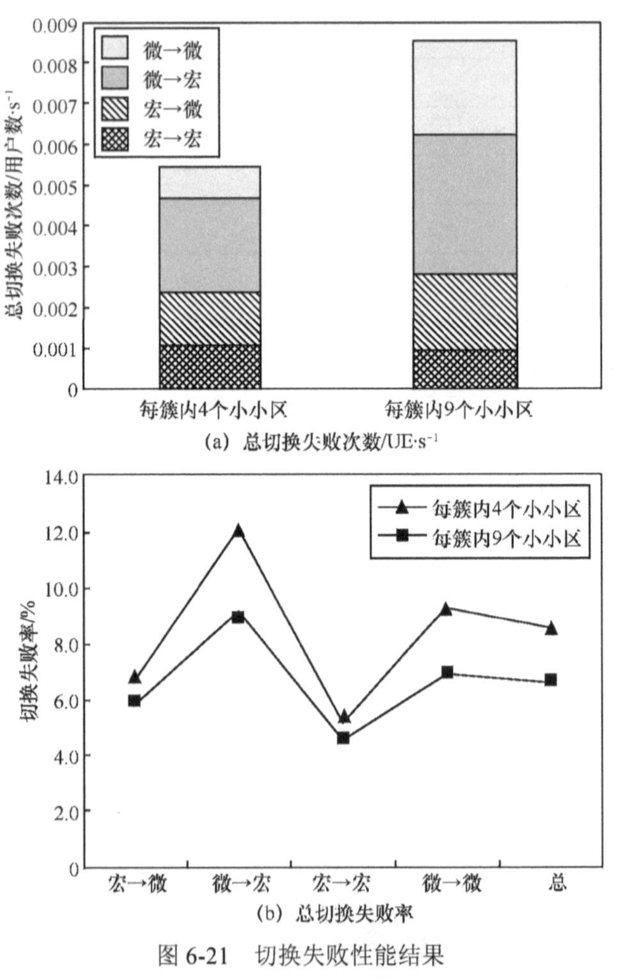

(a) 总切换失败次数/UE·s⁻¹

(b) 总切换失败率

图 6-21　切换失败性能结果

由图 6-22 可以得到，随着微基站小区部署密度的增加，Short ToS 的发生次数和概率均有所增长，其中发生次数上升达 53%。

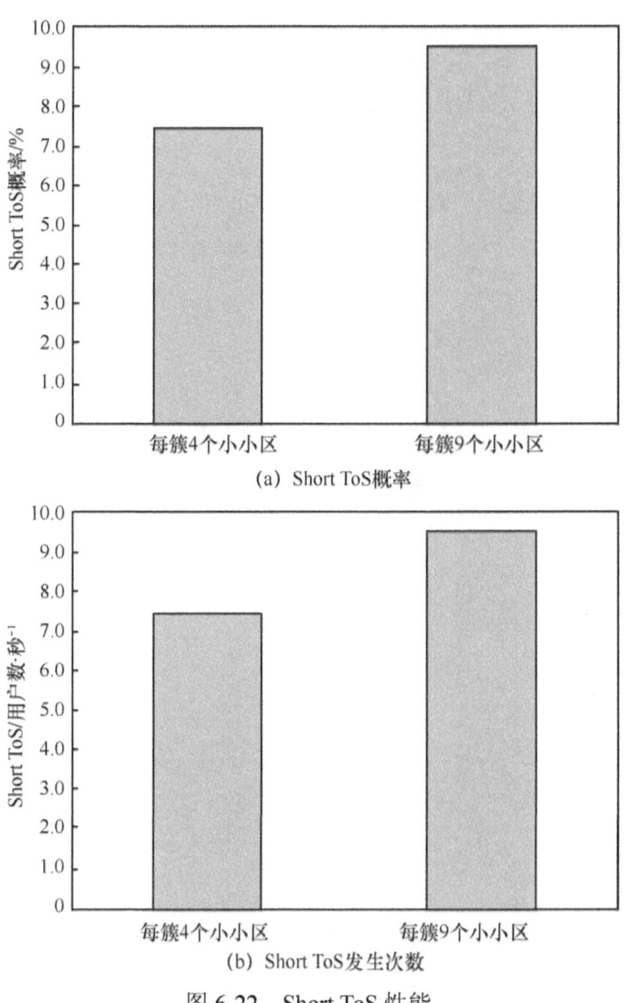

(a)　Short ToS概率

(b)　Short ToS发生次数

图 6-22　Short ToS 性能

综上，可以得到如下结论：随着微基站的密集部署，微基站受到周围同频微基站的干扰增加，宽带 CQI 下降，导致微→微以及微→宏的切换失败率升高。与此同时，Short ToS 发生的次数和概率也随之增加。此外，切换发生频率增加带来的巨大信令负荷也不容忽视。

参考文献

[1]　3GPP Technical Report 36.839. Small cell enhancements for E-UTRA and E-UTRAN- Physical layer aspects[R]. 2012.

第7章 总结

　　超密集网络（UDN）是解决峰值速率、超高流量密度和超高终端数密度需求的最重要的手段。超密集网络通过在蜂窝热点地区增加低功率站点的部署密度，提升系统容量和网络覆盖，并降低时延及能源消耗。理论上，超密集组网在局部热点区域可实现百倍量级的系统容量提升。然而，超密集组网会带来新的挑战，如成本、小区间干扰、移动性管理和回传资源等。网络结构、小区虚拟化、干扰管理与回传管理是解决这些问题的关键技术方向。

　　超密集组网网络架构可以考虑分布式和集中式两种实现架构。其中，分布式多网络融合技术利用各个小区之间现有的增强接口，甚至新增加基于无线传输技术的、并辅以高效的分布式多网络协调算法来协调和融合各个小区。而集中式多网络融合技术则可以通过增加新的 UDN 逻辑控制实体或者功能来统一管理和协调密集分布的小区。在规划部署和具有理想 Backhaul 支持的场景采取集中式架构，而对于无线 Backhaul 或者自部署等场景，可以考虑分布式架构。

　　小区虚拟化包括虚拟层技术和以用户为中心的虚拟小区。在虚拟层技术中，仅当用户移出虚拟层时才发生切换。以用户为中心的虚拟小区技术则完全不需要切换。

　　干扰管理与抑制根据干扰处理的位置分为网络侧干扰管理和终端侧干扰管理。网络侧小区间干扰协调技术可通过时域、频域、空域或功率域实现。多小区联合发送/接收 CoMP 技术属于空域干扰协调。时域干扰协调包括 eICIC、FeICIC 和动态小区开关。频域干扰协调可分为静态频率复用方法和动态频率复用方法两大类。

　　回传管理包括混合分层回传、多跳路由机制和多路径联合发送机制。混合分层回传将有线回传和无线回传相结合，实现即插即用的超密集组网。多跳路由可增强回传链路的灵活性，而多路径联合发送可增加回传链路性能。

　　本书对超密集组网的典型应用场景进行系统容量和流量密度的评估，包括办公室场景、密集住宅场景、大型集会场景和公寓场景，同时还评估超密集组网中的移动性性能。

名词索引

超密集组网　7, 10, 13～17, 22, 28, 29, 32, 76, 79, 80, 107, 115, 125,
　　　　134, 139, 146, 160

动态小区开关　60, 72～75, 160

多跳路由　119, 160

分布式　22, 23, 26, 27, 41, 77～79, 120, 151, 160

干扰管理　16, 17, 58～60, 79, 80, 108, 149, 160

干扰删除接收机　60

干扰抑制接收机　60, 80, 85, 88, 97

回传管理　105, 107, 160

混合分层回传　115, 116, 118, 160

集中式　22, 26, 27, 29, 77～79, 120, 128, 160

接入和回传联合设计　119

频域干扰协调　60, 75, 160

前传　29, 41, 43, 49, 125, 126, 130

时域干扰协调　60, 64, 65, 160

同构网　8, 9, 83, 91

网络架构　7, 9, 21～23, 26～28, 111, 118, 127, 160

无线回传　23～26, 63, 107, 110～118, 122, 160

小基站　13, 15, 16, 93, 146

小区虚拟化　31, 32, 160

协同传输　4, 23

虚拟层　33～40, 109, 138, 139, 160

虚拟小区　32, 33, 37～52, 55, 160

移动性管理　16, 17, 26, 29, 33, 37, 38, 44, 108, 118, 122, 160

以用户为中心　28, 32, 33, 41～43, 55, 126, 160

异构网　8～10, 61, 65, 72, 91, 106, 136, 139

5G　4～7, 9, 11, 12, 16, 18, 19, 22～24, 27, 29, 30, 41, 56, 106～108, 111, 113～115, 125, 126, 128, 130

eICIC　60, 64～69, 160